LES

DEUX AMIS,

OU

LE NÉGOCIANT DE LYON,

DRAME

EN CINQ ACTES EN PROSE;

Par M. DE BEAUMARCHAIS.

Représenté pour la première fois sur le Théâtre de la Comédie Française à Paris, le 13 Janvier 1770.

Qu'opposerez-vous aux faux jugemens, à l'injure, aux clameurs ?
Rien.

Les deux Amis, Acte IV. Scene VII.

Le prix est de 36 sols.

A PARIS,

Chez la Veuve DUCHESNE, rue S. Jacques, au Temple du Goût.
MERLIN, rue de la Harpe, à S. Joseph.

M. DCC. LXX.

Avec Approbation & Privilége du Roi.

AVERTISSEMENT.

Pour faciliter les poſitions théâtrales aux Acteurs de Province ou de Société qui joueront ce Drame; on a fait imprimer, au commencement de chaque Scene, le nom des Perſonnages, dans l'ordre où les Comédiens Français ſe ſont placés, de la droite à la gauche, au regard des Spectateurs. Le ſeul mouvement du milieu des Scenes reſte abandonné à l'intelligence des Acteurs.

Cette attention de tout indiquer peut paraître minutieuſe aux indifférens; mais elle eſt agréable à ceux qui ſe deſtinent au Théâtre, ou qui en font leur amuſement; ſur-tout s'ils ſavent avec quel ſoin les Comédiens Français les plus conſommés dans leur art, ſe conſultent, & varient leurs poſitions théâtrales aux répétitions, juſqu'à ce qu'ils aient rencontré les plus favorables, qui ſont alors conſacrées, pour eux & leurs ſucceſſeurs, dans le Manuſcrit dépoſé à leur Bibliotheque.

C'eſt en faveur des mêmes perſonnes que l'on a par-tout indiqué la pantomine. Elles ſauront gré à celui qui s'eſt donné quelques peines pour leur en épargner; & ſi le Drame, par cette façon de l'écrire, perd un peu de ſa chaleur à la lecture, il y gagnera beaucoup de vérité à la repréſentation.

PERSONNAGES.	*ACTEURS.*
AURELLY, riche Négociant de Lyon, homme vif, honnête, franc & naïf.	*M. Préville.*
MÉLAC pere, Receveur général des Fermes, à Lyon, Philoſophe ſenſible.	*M. Brizard.*
PAULINE, Niece d'Aurelly, élevée par Mélac pere, jeune Perſonne au-deſſus de ſon âge.	*Mlle Doligny.*
MÉLAC fils, élevé avec Pauline, jeune homme bouillant, & d'une ſenſibilité exceſſive.	*M. Molé.*
SAINT-ALBAN, Fermier général en tournée, homme du monde eſtimable.	*M. Belcourt.*
DABINS, Caiſſier d'Aurelly, Protégé de Mélac pere, homme de jugement, & fort attaché à ſon Protecteur.	*M. Pin.*
ANDRÉ, Domeſtique de la maiſon, Garçon très-ſimple.	*M. Feuillie.*

La Scene eſt à Lyon, dans le Sallon commun d'une Maiſon occupée par Aurelly & par Mélac.

LES

LES DEUX AMIS.

ACTE PREMIER.

SCENE PREMIERE.

PAULINE, MÉLAC Fils.

*Il est dix heures du matin. Le Théâtre représente un Sallon; à l'un des côtés est un Clavecin ouvert avec un Pupitre chargé de Musique. Pauline en peignoir est assise devant; elle joue une Piece. Mélac debout à côté d'elle, en léger habit du matin, ses cheveux relevés avec un peigne, un Violon à la main, l'accompagne. La toile se leve aux premieres mesures de l'*Andante (1).

PAULINE, *après que la Piece est jouée.*

COMMENT trouvez-vous cette Sonate?

MÉLAC fils.

Votre brillante exécution la fait beaucoup valoir.

---

(1) Pendant que les Acteurs sont censés faire de la Musi-

PAULINE.

C'eſt votre avis que je demande, & non des éloges.

MÉLAC fils.

Je le dis auſſi ; elle me plairait moins ſous les doigts d'un autre.

PAULINE, *ſe leve.*

Fort bien ; mais je m'en vais, je n'ai point encore vu mon oncle.

MÉLAC fils, *l'arrête.*

Il eſt ſorti, il va....

PAULINE.

A la Bourſe, apparemment ?

MÉLAC fils.

Je le crois. Le paiement s'ouvre demain. Ce temps critique & dangereux pour les Négocians de Lyon exige qu'ils ſe voient....

PAULINE.

Il s'eſt retiré bien tard cette nuit !

---

que ; les premiers Violons de l'Orcheſtre jouent, avec des ſourdines, un *Andante*, que les ſeconds Deſſus & les Baſſes accompagnent en pinçant, ce qui complete l'illuſion du petit Concert que le Spectacle repréſente. L'Auteur a fait imprimer à la ſuite du Drame l'*Andante* composé exprès pour cet Ouvrage, & qui a été exécuté avec applaudiſſement à Paris toutes les fois qu'on y a joué les deux Amis.

MÉLAC fils.

Ils ont long-temps jasé. Mon pere se plaignait à lui des Fermiers Généraux, qui me refusent la survivance de sa place de Receveur Général des Fermes.

PAULINE.

Bien malhonnêtement, sans doute ?

MÉLAC fils.

Sous prétexte qu'ils l'ont donnée. « Voilà com- » me vous êtes, lui disait votre oncle. Ne de- » mandant jamais, un autre sollicite, il obtient » le prix de vos longs services ». Mais savez-vous ce que j'ai pensé, Pauline ? c'est que si quelqu'un dans la compagnie nous a desservi, ce ne peut être que Saint-Alban.

PAULINE.

Que vous êtes injuste ! J'ai vu tout ce qu'il a écrit en votre faveur.

MÉLAC fils.

On fait voir ce qu'on veut.

PAULINE.

Vous vous plaisez bien à l'accuser.

MÉLAC fils.

Pas tant que vous à le défendre.

PAULINE, *fâchée.*

Vous m'impatientez. Depuis son départ il

faut donc se résoudre à voir toutes nos conversations rentrer dans celle-ci ?

MÉLAC fils, *d'un air fin.*

Allons, la paix. — Ils ont ensuite parlé de votre établissement..... du mien.... Mon pere m'a fait signe, je me suis retiré; mais, en sortant, j'ai entendu qu'il disait un mot.... Ah ! Pauline....

(*Il veut lui prendre la main.*)

PAULINE, *se recule.*

Eh bien, Monsieur !

MÉLAC fils.

Un certain mot....

PAULINE, *l'interrompt.*

Je ne suis pas curieuse. — Parlons de la petite fête que nous préparons à mon oncle, à l'occasion de ses Lettres de Noblesse : y songez-vous ?

MÉLAC fils.

J'ai tout arrangé dans ma tête. Nous commencerons par un Concert ; peu de monde, nous & nos Maîtres. Sur la fin on viendra l'avertir qu'on le demande. Pendant son absence, un tapis, deux paravents feront l'affaire, & nous lui donnerons la plus jolie petite Piece....

PAULINE.

Oh ! point de Comédie.

MÉLAC fils.

Pourquoi ?

PAULINE.

Vous connaissez la faiblesse de ma poitrine.

MÉLAC fils.

On ne crie pas la Comédie ; ce n'est qu'en parlant qu'on la joue bien. Figure charmante ! organe fléxible & touchant ! de l'ame sur-tout.... Que vous manque-t-il ? une jeune Actrice se fait toujours assez entendre lorsqu'elle a le talent de se faire écouter.

PAULINE.

Oh ! ce n'est ni d'éloquence, ni d'adresse qu'on vous accusera de manquer, pour ramener les gens à vos idées.... Et les couplets que je vous ai demandés ?

MÉLAC fils, *tendrement.*

Vous craignez qu'on ne les oublie ? injuste Pauline !...

PAULINE, *l'interrompt en s'asseyant.*

Essayons encore une Piece avant de m'habiller.

MÉLAC fils, *s'assurant de l'accord du Violon.*

Volontiers.

PAULINE.

Donnez-moi le nouveau Livre.

MÉLAC fils, *avec humeur.*

Pourquoi ne pas suivre le même ?

PAULINE.

Pour ſortir un peu de l'ancien genre. Au reſte, comme c'était uniquement pour vous....

MÉLAC fils, *d'un air incrédule.*

Oui, pour moi !

PAULINE, *riant.*

Voilà bien les ingrats ! cherchant toujours à diminuer l'obligation, pour n'être point tenus de la reconnaiſſance ! Cette Muſique n'eſt-elle pas plus piquante, plus variée ?

MÉLAC fils, *mécontent.*

Piquante, variée, délicieuſe. C'eſt le beau Saint-Alban qui vous l'a choiſie à Paris.

PAULINE.

Et toujours Saint-Alban ? Vous êtes bien étrange ! Votre ſouverain bonheur ferait que perſonne ne m'aimât !

MÉLAC fils.

Je ne ferai donc jamais heureux.

PAULINE.

Vous voudriez.... qu'on ne pût me ſouffrir.

MÉLAC fils.

Je ne deſire point l'impoſſible.

PAULINE, *gaiement.*

Hée ! il ne faudrait pas trop vous preſſer pour vous le faire avouer ingénument.

MÉLAC fils.

Non; mais il eſt aſſez ſimple que je n'aime point un homme qui affiche des ſentimens pour vous.

PAULINE.

Pour le venger de cette humeur, vous accompagnerez ſa favorite.

MÉLAC fils.

Oh! non.

(Il poſe le Violon ſur une chaiſe.)

PAULINE.

Vous me refuſez?

MÉLAC fils.

J'aime mieux demander pardon de tout ce que j'ai dit.

(Il ſe met à genoux.)

PAULINE.

Et moi je le veux.

MÉLAC fils.

C'eſt une tyrannie.

PAULINE, *plaiſantant.*

Obéiſſez, ou je ne vous appelle plus mon frere.

MÉLAC fils, *d'un air hypocrite, en ſe relevant.*

Si ce nom vous déplaît, vous avez un autre moyen de m'y faire renoncer.

PAULINE.

Et c'eſt?

MÉLAC fils.

De m'en permettre un plus doux.

SCENE II.

PAULINE, MÉLAC Fils, MÉLAC Pere.

(*Mélac pere paraît dans le fond.*)

PAULINE.

JE ne vous entends pas.

MÉLAC fils.

Vous ne m'entendez pas ? Je vais....

PAULINE, *lui coupant la parole.*

Je vais.... Je vais jouer la Piece : m'accompagnerez-vous, oui ou non ?

MÉLAC fils, *lui baiſe les mains.*

Pardon, pardon ; mais pour celle-ci, en vérité elle eſt trop difficile.

PAULINE, *avec une petite moue.*

Hum..... Mauvais caractere ! je ſais ce qui vous la fait voir ainſi. (*Il lui baiſe les mains, elle ſe fâche.*) Finiſſez, Monſieur de Mélac, je vous l'ai déja dit. Ces libertés m'offenſent : laiſſez mes mains.

MÉLAC fils.

Qui pourrait refuser.... (*Il continue à lui baiser les mains.*) Un juste hommage.... à leur dextérité.

(*Mélac pere se retire avec mystere.*)

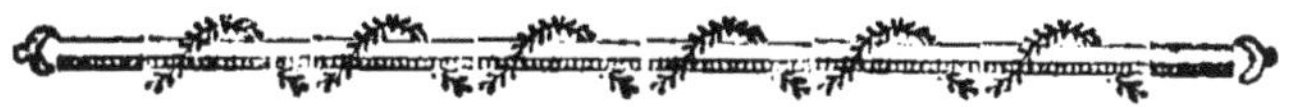

SCENE III.

MÉLAC Fils, PAULINE.

PAULINE, *s'échappant.*

ENCORE? obstiné! mutin! disputeur! audacieux! jaloux!... Car vous méritez tous ces noms-là. Vous refusez de m'accompagner, vous en aurez ce soir la honte publique.

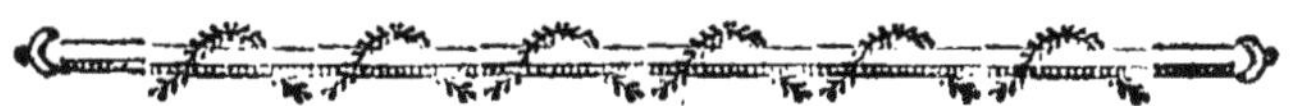

SCENE IV.

MÉLAC Fils, *seul.*

MON cœur la suit.... Ah! Pauline.... Je plaisante avec elle.... Je dispute.... Je l'obstine.... Sans ce détour, je n'oserais jamais.... Si mon pere m'eut obtenu cette survivance, mon état une fois fait.... » Je le veux absolument, dit-elle, obéis- » sez » .... J'aime à la voir prendre ainsi possession de moi, sans qu'elle s'en doute.... (*Il va fermer le Clavecin.*) Oui ; mais elle a beau dire je ne jouerai point la Musique de son Saint-Alban.... Que je le hais avec son esprit, sa richesse & son air affectueux ! Il avait bien affaire de rester trois semaines ici, ce beau Fermier Général ! On l'envoie en tournée....

SCENE V.

MÉLAC Fils, MÉLAC Pere.

MÉLAC pere, *jouant l'étonné.*

TOUT seul mon fils ! Il me semblait avoir entendu de la Musique.

MÉLAC fils.

C'était Pauline, mon Pere ; elle est allée s'habiller.

MÉLAC pere.

Mais, vous Mélac, vous n'êtes pas décemment : ces cheveux....

MÉLAC fils.

Elle était en peignoir elle-même.

MÉLAC pere.

Cette aimable confiance de l'innocence n'autorise point à lui manquer.

MÉLAC fils.

Moi, lui manquer, mon pere !

MÉLAC pere.

Oui, mon fils, c'eſt lui manquer que de vous montrer à ſes yeux dans ce déſordre. Parce qu'elle ignore le danger, ou vous eſtime aſſez pour n'en point craindre avec vous; eſt-ce une raiſon d'oublier ce que vous devez à ſon ſexe ? à ſon âge? à ſon état ?

MÉLAC fils.

Je ne vais point chez elle ainſi. Ce Sallon nous eſt commun, nous y avons toujours étudié le matin.... Quand on demeure enſemble.... Mais mon pere, juſqu'à préſent, vous ne m'avez rien dit.... Eſt-ce Monſieur Aurelly qui fait cette remarque ?

MÉLAC pere.

Son Oncle ? Non, mon ami. Auſſi ſimple qu'honnête, Aurelly ne ſuppoſe jamais le mal où il ne le voit pas ; mais tout occupé de ſon commerce, il s'eſt repoſé ſur moi des mœurs & de l'éducation de ſa Niece, & je dois la garantir par mes ſoins....

MÉLAC fils.

La garantir !

MÉLAC pere.

Elle n'eſt plus un enfant, mon fils ; & ces familiarités d'autrefois....

MÉLAC fils, *un peu déconcerté.*

J'eſpere ne jamais m'oublier devant elle, & lui montrer toujours autant de reſpect que je renferme d'attachement.

MÉLAC pere.

Pourquoi le renfermer, s'il n'eſt que raiſonnanable ? Riez avec elle, dans la ſociété, devant moi, devant ſon oncle, très-bien : mais c'eſt lorſque vous la trouvez ſeule, mon fils, qu'il faut la reſpecter. La premiere punition de celui qui manque à la décence, eſt d'en perdre bientôt le goût ; une faute en amene une autre, elles s'accumulent ; le cœur ſe déprave ; on ne ſent plus le frein de l'honnêteté que pour s'armer contre lui : on commence par être faible, on finit par être vicieux.

MÉLAC fils, *déconcerté.*

Mon pere, ai-je donc mérité une auſſi ſévere réprimande ?

MÉLAC pere, *d'un ton plus doux.*

Des avis ne ſont point des reproches. Allez,

mon fils ; mais n'oubliez jamais que la Niece de vôtre ami, du bienfaiteur de votre pere, doit être ſacrée pour vous. Souvenez-vous qu'elle n'a point de mere qui veille à ſa ſûreté. Songez que mon honneur & le vôtre doivent être ici les appuis de ſon innocence & de ſa réputation. Allez vous habiller.

SCENE VI.

MÉLAC pere, *ſeul.*

S'IL s'était douté que je l'euſſe vu, il eut mis, à ſe diſculper, toute l'attention qu'il a donnée à ma morale. On ne ſe ment pas à ſoi-même ; & s'il a tort, il ſe fera bien ſans moi l'application de la leçon. Ceci me rappelle avec quel ſoin Aurelly détournait la converſation hier au ſoir, quand je la mis ſur l'établiſſement de ſa Niece. Sa Niece ! .... Mais eſt-il bien vrai qu'elle le ſoit ?... Son embarras en m'en parlant ſemblait tenir.... de la confuſion.... Je me perds dans mes ſoupçons.... Quoi qu'il en ſoit, je ne veux pas que mon ami puiſſe jamais me reprocher d'avoir fermé les yeux ſur leur conduite.

SCENE VII.

MÉLAC pere, ANDRÉ, *en papillotes & en veste du matin, un Ballet de plumes sous son bras, entre, regarde de côté & d'autre, & s'en retourne.*

ANDRÉ.

IL n'y est pas, Monsieur Dabins.

MÉLAC pere.

Qu'est-ce ?

ANDRÉ.

Ah ! ce n'est rien. C'est ce gros Monsieur....

MÉLAC pere.

Quel Monsieur ?

ANDRÉ, *d'un ton niais.*

Celui qui vient.... Qui m'a tant fait rire le jour de cette histoire....

MÉLAC pere.

Est-ce qu'il n'a pas de nom ?

ANDRÉ.

Si fait, il a un nom. Monsieur.... Monsieur.... C'est qu'il s'appelle encore autrement.

MÉLAC pere.

Autrement que quoi ?

ANDRÉ.

Je l'ai bien entendu peut-être.... Paris, deux & demi ; Marſeille, Canada, trente-huit, que ſai-je ?

MÉLAC pere, *riant de pitié.*

Ah ! l'Agent de Change ?

ANDRÉ.

C'eſt ça.

MÉLAC pere.

Mais ce n'eſt pas moi qu'il cherche.

ANDRÉ.

C'eſt Monſieur Dabins.

MÉLAC pere.

Qu'il paſſe à la Caiſſe d'Aurelly.

ANDRÉ.

Il en vient ; ce Caiſſier n'eſt-il pas déja ſorti !

MÉLAC pere.

Un jour comme celui-ci ! Il eſt donc fou !

ANDRÉ.

Je ne ſais pas.

MÉLAC pere.

Voyez à ſa chambre, au jardin, par-tout.

ANDRÉ, *va, & revient.*

Moi, j'ai mon ouvrage.... & ſi je ne le trouve pas, qu'eſt-ce qu'il faut que je lui diſe ?

MÉLAC pere.

Rien. Car on ne finirait plus....

SCENE VIII.

MÉLAC pere, *seul.*

QUI croirait qu'un Garçon auſſi ſimple fut le fait d'un homme bouillant, d'Aurelly ? ſa regle eſt aſſez juſte. Aux gens de cet état, moins d'eſprit, moins de corruption.

SCENE IX.

DABINS, MÉLAC pere.

MÉLAC pere.

ON vous cherche, Monſieur Dabins.

DABINS, *d'un air effrayé.*

Depuis une heure, Monſieur, j'épie le moment de vous trouver ſeul.

MÉLAC pere.

Que me voulez-vous ?

DABINS.

DABINS.

Puis-je parler en liberté ?

MÉLAC pere.

Vous êtes pâle, défait, votre voix est tremblante !

DABINS.

Ah ! Monsieur !

MÉLAC pere.

Expliquez-vous.

DABINS.

Comment vous apprendre le malheur ?....

MÉLAC pere.

Sortez de ce trouble. Parlez.

DABINS.

Cette Lettre que je reçois à l'instant....

MÉLAC pere.

Que dit-elle de sinistre ?

DABINS.

Vous aimez Monsieur Aurelly ?

MÉLAC pere.

Si je l'aime ! Vous me faites trembler.

DABINS.

A moins d'un miracle, il faut qu'il manque à ses paiemens demain. Il faut....

MÉLAC pere, *regardant de tous côtés.*

Malheureux ! si quelqu'un vous entendait....

Vous perdez le ſens.... D'où ſavez-vous?...
Cela ne ſaurait être.

DABINS.

J'ai prévu votre ſurpriſe & votre douleur; mais le fait n'eſt que trop avéré.

MÉLAC pere.

Avéré! dites-vous? — Je n'oſe l'interroger. — Monſieur Dabins, ſongez-vous à l'importance?... Il m'a troublé.

DABINS.

Monſieur Aurelly avait, à Paris, pour huit cent mille francs d'effets.

MÉLAC pere.

Chez ſon ami Monſieur de Préfort, je le ſais.

DABINS.

Il me dit il y a quelque tems d'écrire à ce Correſpondant de les vendre, & de m'envoyer tout le Papier ſur Lyon qu'on pourrait trouver.

MÉLAC pere.

Après?

DABINS.

Au lieu d'argent que j'attendais aujourd'hui, ſon fils me dépêche un Courier, qui a gagné douze heures ſur celui de la poſte.

MÉLAC pere.

Eh bien! ce Courier?

DABINS.

M'apprend qu'au moment de négocier nos

effets, Monsieur de Préfort s'est trouvé atteint d'un mal violent, qui l'a emporté en deux jours, & qu'on a mis aussi-tôt le Scellé sur son Cabinet.

MÉLAC pere.

Pourquoi cet effroi? Je regrette Préfort; mais il laisse une fortune immense. Aufelly reclamera ses effets, qui lui seront remis. C'est tout au plus un retard : achevez.

DABINS.

J'ai tout dit. Notre paiement était fondé sur ces rentrées qui n'ont jamais manqué; nous n'avons pas dix mille francs en caisse.

MÉLAC pere.

Et vous devez en payer demain?

DABINS.

Six cent mille. Il y a de quoi perdre l'esprit.

MÉLAC pere.

Il me quitte : il ne sait donc point?....

DABINS.

Voilà mon embarras. Vous connaissez sa probité, ses principes.... Il en mourra—.... Un homme si bon, si bienfaisant.... Mais, Monsieur, il n'y a que vous qui puissiez vous charger de lui apprendre....

MÉLAC pere.

Il n'est pas possible qu'Aurelly n'ait pas chez lui de quoi parer à cet accident.

DABINS.

Il a du bien, d'excellens immeubles. Cette Maison, sa Terre; mais avoir à payer demain six cents mille francs, & pas un sou....

MÉLAC pere.

Attendez. Je lui connais cent mille écus qu'un ami, m'a-t-il dit, lui a confiés.

DABINS.

Il ne les a plus: Monsieur de Préfort s'était chargé de les convertir en effets pareils à ceux qu'il lui avait procurés. Aujourd'hui tout est là; tout manque à la fois.

MÉLAC pere.

Onze cents mille francs arrêtés, au moment de payer!

DABINS.

Il périt au milieu des richesses.

MÉLAC pere *se promene.*

Vous l'avez dit, il en mourra; l'homme le plus vertueux! le plus sage!... une réputation si intacte! s'il suspend ses paiemens, s'il faut que son honneur.... Il en mourra, l'infortuné: voilà ce qu'il y a de bien certain.

(*Il se promene plus vîte.*)

DABINS.

Si l'on eut reçu la nouvelle huit jours plutôt....

MÉLAC pere.

C'est un homme perdu.

DABINS.

Ces Lettres de Noblesse encore lui font tant de jaloux ! Vous verrez, Monsieur, les amis que lui laissera l'infortune : il n'y a peut-être pas un Négociant dans Lyon qui ne fût bien-aise au fond du cœur.... Trouver de l'argent ? il ne faut pas s'en flatter.

MÉLAC pere *se promene.*

J'ai bien ici cent mille francs à moi.

DABINS.

Qu'est-ce que cela !

MÉLAC pere, *rêvant.*

En effet, qu'est-ce que cela !

DABINS.

A peine le sixieme de ce qu'il nous faut.

MÉLAC pere *s'arrête.*

Monsieur Dabins.

DABINS.

Monsieur.

MÉLAC pere.

Où est votre Courier ?

DABINS.

Je l'ai fait cacher.

MÉLAC pere.

Monſieur Dabins, allez m'attendre dans mon Cabinet. Ne voyez perſonne, enfermez-vous, enfermez-vous ſoigneuſement. Je vous rejoins, j'ai beſoin de me recueillir....

DABINS.

Sur la maniere de lui annoncer ?....

MÉLAC pere.

C'eſt lui. Partez, ſans dire un mot.

SCENE X.

MÉLAC pere, DABINS, AURELLY.

AURELLY.

BONJOUR, Mélac. Ah! te voilà, Dabins? J'ai trouvé l'Agent de Change qui te cherche; il emporte mes deux effets ſur Péterſbourg. Eh bien? nos fonds de Paris?

(*Il ôte ſon épée qu'il poſe ſur une chaiſe.*)

MÉLAC pere, *vivement.*

C'eſt ce dont il me parlait, en me demandant ſi je n'avais pas quelques Papiers à échanger pour ſimplifier ſon opération.

AURELLY.

Comme tu es rouge, Melac !

MÉLAC pere.

Ce n'eſt rien.

AURELLY, *à Dabins qui ſort.*

Monſieur Dabins, le Bordereau de tous mes paiemens en état pour ce ſoir.

(*Dabins ſort.*)

SCENE XI.

MÉLAC pere, AURELLY.

AURELLY, *gaiement.*

JE t'ai bien deſiré tout à l'heure à l'Intendance, tu m'aurais vu batailler....

MÉLAC pere.

Contre qui ?

AURELLY.

Ce nouveau Noble, ſi plein de ſa dignité, ſi gros d'argent & ſi bouffi d'orgueil, qu'il croit toujours ſe commettre, lorſqu'il ſalue un Roturier.

MÉLAC pere, *diſtrait.*

Moins il y a de diſtance entre les hommes,

plus ils sont pointilleux pour la faire remarquer.

AURELLY.

Celui-ci, qui, jusqu'à l'époque de mes Lettres de Noblesse, ne m'avait jamais regardé, s'avise de me complimenter aujourd'hui d'un ton supérieur : » Je me flatte, (m'a-t-il dit,) que vous » quittez enfin le commerce avec la roture ».

MÉLAC pere, *à part.*

Ah ! Dieux !

AURELLY.

Quoi ?

MÉLAC pere, *s'efforçant de rire.*

Je crois l'entendre.

AURELLY.

Au contraire, Monsieur, ai-je répondu ; je ne puis mieux reconnaître le nouveau bien que je lui dois, qu'en continuant à l'exercer avec honneur.

MÉLAC pere, *embarrassé.*

Ah ! mon ami ! le Commerce expose à de si terribles revers !

AURELLY.

Tu m'y fais songer : l'Agent de Change ne s'explique pas ; mais, à son air, je gagerais que le paiement ne se passera pas sans quelque Banqueroute considérable.

MÉLAC pere

Je ne vois jamais ce tems de crise, sans éprouver un serrement de cœur sur le sort de ceux à qui il peut être fatal.

AURELLY.

Et moi, je dis que la pitié qu'on a pour les frippons, n'est qu'une misérable faiblesse; un vol qu'on fait aux honnêtes gens. La race des bons est-elle éteinte pour ?...

MÉLAC pere.

Je ne parle point des frippons.

AURELLY, *avec chaleur.*

Les mal-honnêtes gens reconnus sont moins à craindre que ceux-ci : l'on s'en méfie; leur réputation garantit au moins de leur mauvaise foi.

MÉLAC pere.

Fort bien : mais....

AURELLY.

Mais un méchant qui travailla vingt ans à passer pour honnête-homme, porte un coup mortel à la confiance, quand son fantôme d'honneur disparaît : l'exemple de sa fausse probité fait qu'on n'ose plus se fier à la véritable.

MÉLAC pere, *douloureusement.*

Mon cher Aurelly, n'y a-t-il donc point de

faillites excusables ? Il ne faut qu'une mort, un retard de fonds, il ne faut qu'une Banqueroute frauduleuse un peu considérable, pour en entraîner une foule de malheureuses.

AURELLY.

Malheureuses ou non ; la sûreté du commerce ne permet pas d'admettre ces subtiles différences : & les faillites qui sont exemptes de mauvaise foi, ne le sont presque jamais de témérité.

MÉLAC pere.

Mais c'est outrer les choses, que de confondre ainsi....

AURELLY.

Je voudrais qu'il y eut là-dessus des loix si séveres qu'elles forçassent enfin tous les hommes d'être justes.

MÉLAC pere.

Eh ! mon ami, les loix contiennent les méchans sans les rendre meilleurs ; & les mœurs les plus pures ne peuvent sauver un honnête homme d'un malheur imprévu.

AURELLY.

Monsieur, la probité du Négociant importe à trop de gens, pour qu'on lui fasse grace en pareil cas.

MÉLAC pere.

Mais, écoutez-moi.

AURELLY.

Je vais plus loin. Je soutiens que l'honneur des autres est engagé à ce que celui qui ne paye pas soit flétri publiquement.

MÉLAC pere, *mettant ses mains sur son visage.*

Ah ! bon Dieu !

AURELLY.

Oui, flétri. S'il est malheureux, entre mourir & paraître indigne de vivre, le choix est bien-tôt fait, je crois; qu'il meure de douleur; mais que son exemple terrible augmente la prudence ou la bonne-foi de ceux qui l'ont sous les yeux.

MÉLAC pere, *s'échauffant.*

Vous condamnez, sans distinction, à l'opprobre un infortuné comme un coupable ?

AURELLY.

Je n'y mets pas de différence.

MÉLAC pere.

Quoi ! si l'un de vos amis, victime des événemens ?....

AURELLY.

Je serais son Juge le plus sévere.

MÉLAC pere, *le regardant fixement.*

Si c'était moi ?

AURELLY.

Si c'était toi ?... Son air m'a fait trembler.

MÉLAC pere.

Vous ne répondez pas ?

AURELLY, *fierement.*

Si c'était vous ?... (*Avec effusion.*) Mais premiérement, tu n'es pas Négociant : & voilà comme tu fais toujours ; quand tu ne peux convaincre mon esprit, tu attaques mon cœur.

MÉLAC pere, *à part.*

Oh Ciel ! comment lui apprendre ?...

SCENE XII.

MÉLAC pere, PAULINE, AURELLY.

PAULINE, *habillée.*

AH ! voilà mon oncle de retour.

MÉLAC pere, *à part, avec douleur.*

Et sa Niece !

PAULINE.

Bonjour, mon cher Oncle ; avez-vous mieux reposé cette nuit que la précédente ?

AURELLY.

Fort bien ; & toi ?

PAULINE.

Votre conversation si sérieuse du souper m'a un peu agitée : elle m'a laissé une impression.... j'ai peu dormi.

AURELLY, *en riant.*

Nous aurons soin à l'avenir de monter nos bavardages sur un ton plus gai. Nous ne devons pas troubler les nuits de celle qui nous rend les jours si agréables.

(PAULINE *l'embrasse.*)

MÉLAC pere, *à part.*

Sa sécurité me perce l'ame.

AURELLY.

Ah çà ! mon enfant, quel amusement nous disposes-tu aujourd'hui ?

PAULINE.

Cet après-midi ? Grand assaut de Musique entre l'obstiné Mélac & moi, vous serez les Juges. Vous savez qu'il donne la préférence au Violon sur tout autre instrument.

AURELLY, *gaiement.*

Et toi, tu défends le Clavecin à outrance ?

PAULINE.

Je soutiens l'honneur du Clavecin. La loi du combat est que le vaincu sera réduit à ne faire qu'accompagner l'autre, qui brillera seul tout le reſte du Concert, & je vous confie que j'ai de quoi le faire mourir de dépit.

AURELLY.

Bravo! Bravo!

MÉLAC pere, *d'un ton pénétré.*

Ne ferions-nous pas mieux, mes amis, de remettre ce Concert; tant de gens ſont à Lyon dans le trouble & l'inquiétude: » il ſemble, (dira-» t-on), que ceux-ci faſſent parade de leur ai-» ſance, pour inſulter à l'embarras où les au-» tres ſont plongés ». On comparera cette joie déplacée avec le déſeſpoir qui poignarde peut-être en ce moment d'honnêtes gens qui ne s'en vantent pas.

AURELLY, *riant.*

Ah, ah, ah! vois-tu comment ce grave Philoſophe détruit nos projets d'un ſeul mot? Il faut bien lui céder pour avoir la paix. Remets ton cartel à quelque autre jour.

MÉLAC pere, *à part, en ſortant.*

Allons ſauver, s'il ſe peut, l'honneur & la vie à ce malheureux.

SCENE XIII.

PAULINE, AURELLY.

AURELLY.

MAIS.... il a quelque choſe aujourd'hui.... N'as-tu pas remarqué ?...

PAULINE.

En effet, j'ai cru lui voir un nuage....

AURELLY.

Ah ! la Philoſophie a auſſi ſes humeurs.

PAULINE.

Que diſiez-vous donc ?

AURELLY.

Nous parlions faillites, banqueroutes.

PAULINE.

C'eſt cela. Son ame eſt ſi ſenſible, que le malheur même de ceux qu'il ne connaît pas l'afflige.

SCENE XIV.

PAULINE, ANDRÉ, AURELLY.

ANDRÉ, *criant & courant.*

MONSIEUR, Monſieur.

PAULINE *fait un cri de ſurpriſe.*

Ah!...

AURELLY.

Qu'eſt-ce c'eſt donc ?

ANDRÉ, *avec joie.*

Le Valet de Chambre de Monſieur le * grand Fermier, deſcend de cheval dans la cour.

AURELLY, *avec humeur.*

Eh bien! vous ne pouvez pas dire cela ſans courir, & nous crier aux oreilles ?

PAULINE.

Il m'a fait une frayeur....

ANDRÉ.

Dame, eſt-ce que ce n'eſt rien donc ? Monſieur le grand Fermier qui arrive !

---

* Les gens du peuple de toutes les Provinces méridionales de France, nomment ainſi les Fermiers du Roi.

AURELLY.

AURELLY.

Saint-Alban?

ANDRÉ.

Monſieur de la Fleur l'a laiſſé à la derniere poſte.

PAULINE, *avec humeur.*

Quand nous l'aurions appris deux minutes plus tard?

AURELLY, *à Pauline.*

Quel dommage que le Concert ſoit dérangé! Tu voulais des Juges; en voici un que tu ne récuſerais pas.... Il repaſſe bien-tôt! Qu'on faſſe rafraîchir ſon Courier.

ANDRÉ.

Bon! il n'a fait qu'un ſaut dans l'Office. Pour un Valet de Chambre, on ne dira pas qu'il eſt fier, lui.

AURELLY.

Suis-moi.

ANDRÉ.

Quel appartement faut-il diſpoſer?

AURELLY.

Suis-moi, te dis-je; je vais donner des ordres.

SCENE XV.

PAULINE, *ſeule*, *avec chagrin.*

SAINT-ALBAN!... C'eſt ſon amour qui le ramene.... J'ai le cœur ſerré. (*Elle ſoupire.*) La perſécution de celui-ci, la jalouſie qu'elle donne à Mélac, & ſur-tout la néceſſité de cacher ſous un air libre un ſentiment que je ne puis dompter.... En vérité, mon état devient plus pénible de jour en jour.

Fin du premier Acte.

ACTE II.

SCENE PREMIERE.

MÉLAC fils, *en habit de Ville ;* PAULINE.

PAULINE, *avec une gaieté affectée.*

Pour quelqu'un qui a fait une aussi belle toilette, vous avez une terrible humeur.

MÉLAC fils.

C'est votre gaieté qui me la donne, Mademoiselle ; c'est ce retour précipité. Saint-Alban doit rester trois mois en tournée ; il en passe un ici ; & à peine est-il parti, qu'on le voit revenir.

PAULINE.

S'il a des affaires à Paris.

MÉLAC fils.

La Fleur dit qu'il n'y va pas. Un tel empressement ne regarde que vous, Mademoiselle.

PAULINE, *en riant.*

Depuis quand ſuis-je, Mademoiſelle ? les doux noms de frere & de ſœur....

MÉLAC fils, *avec feu.*

Saint-Alban vous aime : il eſt riche, en place, eſtimé ; je vois tout mon malheur. Il vous aime, il vous obtiendra, & j'en mourrai de chagrin.

PAULINE, *gaiement.*

Dites-moi, je vous prie, où vous prenez toutes les folies qui vous échappent ?

MÉLAC fils.

Écoutez, Pauline. Vous faites profeſſion de ſincérité ; aſſurez-moi qu'il ne vous a rien dit, & je ſerai calmé.

PAULINE.

Que voulez-vous qu'il m'ait dit ?

MÉLAC fils.

Que vous êtes belle ; qu'il vous aime.

PAULINE.

C'eſt une phraſe ſi commune ; & vous auſſi vous me l'avez dit : tous les jeunes gens reçus dans cette Maiſon, ne ſe donnent-ils pas les airs de tenir le même langage ?

MÉLAC fils.

Aucun d'eux, ſans doute, n'a pu vous voir avec indifférence ; mais s'ils vous connaiſſaient comme moi....

PAULINE.

Ils me verraient bien haïssable.

MÉLAC fils.

Ils n'auraient plus besoin de vous trouver si belle, pour vous aimer éperdument. Revenons....

PAULINE.

Dans un homme comme Saint-Alban, ces propos que vous redoutez ne sont que des galanteries d'usage & sans conséquence; de la part des autres, c'est pure étourderie.... de la vôtre....

MÉLAC fils.

De la mienne?

PAULINE, *gaiement.*

De la vôtre.... Mais je voudrais bien savoir pourquoi vous vous donnez les airs de m'interroger? Il faut avoir de grands titres, pour user de pareils privileges.

MÉLAC fils.

Ah! Pauline! il arrive, & vous plaisantez!

PAULINE, *sérieusement.*

Brisons-la, je vous prie. Peut-être auriez-vous à vous plaindre de moi, si quelque autre avait lieu de s'en louer.

MÉLAC fils, *avec feu.*

Ce Saint-Alban me fait trembler, ôtez-moi cette inquiétude.

PAULINE.

Que vous êtes importun !

MÉLAC fils.

Défendez-moi ſeulement d'en avoir.

PAULINE.

Oh ! quand il veut une choſe !... (*Etourdiment.*) Si je vous le défends ; m'obéirez-vous ?

MÉLAC fils, *lui baiſant les mains avec tranſport.*

Ma chere Pauline !

PAULINE, *s'échappant.*

Toujours le même ! on ne peut dire un mot, ſans être forcé de quereller, ou de vous fuir.

(*Elle ſort.*)

SCENE II.

MÉLAC fils, *ſeul, avec joie.*

« M'OBÉIREZ-VOUS ! »... A-t-elle mis dans ce peu de mots tout le ſentiment que j'y apperçois ? « M'obéirez-vous ! » Mais pourquoi cet heureux préſage eſt-il troublé par l'arrivée du Fermier Général ?

SCENE III.

MÉLAC pere, *en habit de campagne, entre en rêvant, un crayon & du papier à la main ;* MÉLAC fils.

MÉLAC fils, *avec surprise.*

AH ! mon pere ! vous avez changé d'habit ?

MÉLAC pere, *sans regarder, d'un ton sombre.*

Voyez si ma Chaise est prête.

MÉLAC fils.

Vous partez, mon pere ?

MÉLAC pere, *du même ton.*

Oui.

MÉLAC fils.

Vous ne prenez pas votre Carrosse ?

MÉLAC pere.

Non.

MÉLAC fils.

Vous n'allez donc pas à ?...

MÉLAC pere.

Je vais à Paris.

MÉLAC fils, *inquiet.*

Un voyage auſſi ſubit....

MÉLAC pere.

Il ne ſera pas long.

MÉLAC fils.

N'annoncerait-il aucun accident ?

MÉLAC pere.

Affaires de Compagnie.

MÉLAC fils.

Ah !... Mais ſavez-vous qui l'on attend ici aujourd'hui ?

MÉLAC pere.

Qui que ce ſoit. Qu'on m'avertiſſe quand les chevaux ſeront venus.

MÉLAC fils.

C'eſt que cela pourrait déranger....

MÉLAC pere.

Rien, rien. Quelle heure eſt-il ?

MÉLAC fils.

Il n'eſt pas midi.

MÉLAC pere.

Avant deux heures je ſuis en route.

MÉLAC fils.

Vous ne me donnez aucun ordre, mon pere ?

MÉLAC pere.

Laiſſez-moi ſeul un moment ; je ne puis vous écouter en celui-ci.

MÉLAC fils, *en ſortant.*

En poſte.... à Paris.... Si promptement.... Un air glacé! ... Je ne comprends pas, moi....

(*Il ſe retire lentement, en examinant ſon pere.*)

SCENE IV.

MÉLAC pere *ſe promenant.*

ENTRE une action criminelle & un acte de vertu, l'on n'eſt pas incertain.... Mais avoir à choiſir entre deux devoirs qui ſe contrarient & s'excluent.... Si je laiſſe périr mon ami, pouvant le ſauver; mon ingratitude.... ſon malheur... mes reproches.... ſa douleur.... la mienne.... Je ſens tout cela.... Mon cœur ſe déchire. Si je diſpoſe un moment, en ſa faveur, des fonds qu'on me laiſſe.... [Après tout ils ne courent aucun riſque.] (*Il ſoupire.*) Scrupules ! prudence ! je vous entends : vous m'éloignez du malheureux qui ſouffre; mais la compaſſion qui m'en rapproche, eſt ſi puiſſante.... Voudrais-je être plus heureux, à condition de devenir dur, inhumain, ingrat.... — C'en eſt fait; où la raiſon eſt inſuffiſante, le ſentiment doit triompher : s'il m'égare, au moins je ſerai ſeul à plaindre ; & mon ami ſauvé, mon malheur ne me laiſſera pas ſans conſolation.

SCENE V.

MÉLAC pere ; DABINS *arrive avec un gros paquet de Lettres de Change dans une main, un papier dans l'autre.*

MÉLAC pere.

LE compte eſt-il juſte, Monſieur Dabins ? Dans le trouble où nous ſommes, on ſe trompe aiſément. Rappellons les articles, avant de nous ſéparer. Sept mille cinq cent Louis en or que vous avez paſſés vous-même par le jardin.

DABINS.

Monſieur, le Bordereau des ſommes eſt en tête de ma reconnoiſſance.

(*Il la lui remet.*)

MÉLAC pere *lit.*

» Je ſouſſigné, Caiſſier de Monſieur Aurelly, » ai reçu de Monſieur de Mélac, Receveur Gé» néral des Fermes, à Lyon, la ſomme de ſix » cent mille livres ».... Cela va bien ; diſpoſez vos paiemens ſans éclat, comme ſi vos effets euſſent été négociés à Paris : moi, j'attends ma Chaiſe pour partir.

DABINS.

Et vous inſiſtez ſur ce qu'il ne ſache pas?...

MÉLAC pere.

Quelque ſoit ſon danger, je le connais : la crainte de me nuire lui ferait [illegible]

DABINS.

Ainſi vous le quittez de la reconnaiſſance.

MÉLAC pere.

Exiger de la reconnaiſſance, c'eſt vendre ſes ſervices ; mais ce n'eſt pas ici le cas. Aurelly m'a ſouvent donné l'exemple de ce que je fais pour lui.

DABINS.

Oh ! Monſieur ! votre verru s'exagere....

MÉLAC pere.

Non, cher Dabins ; depuis trente ans que je lui dois mon état & mon bien-être, voici la ſeule occaſion que j'aie eue de prendre ma revanche. Je quittais le ſervice, où j'avais eu bientôt conſumé le chétif patrimoine d'un Cadet de ma Province. Je revenais chez moi, bleſſé, réformé, ruiné, ſans biens, ni reſſources. Le hazard me fit rencontrer ici ce digne Aurelly, mon ami dès l'enfance. Avec quelle tendresse il m'offrit un asyle ! Il sollicita, il obtint, à mon insu, la place que j'occupe encore ; il fit plus, il vainquit ma répugnance, pour un état aussi éloigné de celui que j'avais embrassé. » Prenez, prenez, (me dit-il ;) » & si vous craignez que l'état n'honore » pas assez l'homme, ce sera l'homme qui hono- » rera l'état. Plus l'abus d'un métier est facile, » moins il faut l'être au choix des gens qui doi- » vent l'exercer ; & qui sait, dans celui-ci, le bien » qu'un homme vertueux peut faire ? tout le mal » qu'il peut empêcher ? » Son zèle éloquent me gagna ; il m'instruisit au travail ; il me servit de pere, ô mon cher Aurelly !

DABINS.

Vous m'avez interdit toute représentation.

MÉLAC pere.

N'ajoutez pas un mot. Les cent mille francs que vous tenez en Lettres de Change, sont à moi ; puis-je en user mieux au gré de mon cœur ? A l'égard du reste, Saint-Alban est en tournée pour trois mois.... Aurelly aura le temps nécessaire....

DABINS.

Mais, d'un moment à l'autre, il peut vous venir tel ordre....

MÉLAC pere.

Je vous ai dit que je vais à Paris : j'y aurai bientôt recouvré les effets d'Aurelly ; j'en ferai de l'argent, si l'on m'en demande. Ce n'est ici qu'un bon office, comme vous voyez.

DABINS.

Monsieur, je vous admire.

MÉLAC pere.

Allez, mon ami, qu'il ne vous retrouve point avec moi.

SCENE VI.

MELAC pere, *ſeul. Il s'aſſied.*

AH ! reſpirons un moment. Cette nouvelle m'avait étouffé.... Il riait, le malheureux homme, en regardant ſa Niece. Chaque plaiſanterie qui lui échappait me faiſait frémir. (*Il ſe leve.*) Quand je penſe qu'il était poſſible que cet argent m'eût été redemandé ! au lieu de venir à ſon ſecours, il eut fallu lui annoncer.... Ah ! Dieux !...

SCENE VII.

DABINS, *accourant avec effroi ;* MÉLAC, pere.

DABINS.

MONSIEUR de Saint-Alban....

MÉLAC pere.

Eh bien ?

DABINS.

Il arrive.

MÉLAC pere.

Saint-Alban ?

DABINS.

On le conduit ici. Je suis rentré, pour vous sauver la premiere surprise.

(*Il s'enfuit.*)

SCENE VIII.

MÉLAC pere, *seul.*

SAINT-ALBAN !.... Que ne suis-je parti ? S'il allait me parler d'argent ! au pis aller, je lui dirais.... Je pourrais lui dire que les Receveurs particuliers n'ont pas encore.... Un mensonge !.... Il vaudrait mieux cent fois.... Mais je m'alarme, & peut-être il ne fait que passer.

SCENE IX.

AURELLY, SAINT-ALBAN, MÉLAC pere, MÉLAC fils.

SAINT-ALBAN.

PARDONNEZ à mon empreſſement, Meſſieurs, l'incivilité de me montrer en habit de voyage.

MÉLAC fils, *à part, avec humeur.*

Son empreſſement ! il n'en dit pas l'objet.

MÉLAC pere, *à Saint-Alban.*

Vous voyez que j'y ſuis moi-même.

SAINT-ALBAN.

Partez-vous ?

MÉLAC pere.

Avec bien du regret, Monſieur, puiſque vous arrivez.

AURELLY.

Cette courſe eſt bruſque.

MÉLAC pere.

Elle eſt néceſſaire.

AURELLY.

Si c'eſt, comme le dit ton fils, des affaires de Compagnie....

MELAC

MÉLAC pere, *embarraſſé.*

De Compagnie.... relatives à la Compagnie....: Puis-je voir, ſans déplaiſir, paſſer ma ſurvivance à quelque étranger?

AURELLY, *riant.*

Ah, ah, ah, ah.

SAINT-ALBAN.

Il m'eſt bien agréable d'arriver à temps pour vous arrêter.

AURELLY.

Eſt-ce que je l'aurais laiſſé partir! (*A Mélac pere.*) Tu peux renvoyer les chevaux de poſte.

MÉLAC pere.

Pour quelle raiſon?

SAINT-ALBAN.

C'eſt que la place que vous allez ſolliciter, eſt accordée à Monſieur votre fils.

MÉLAC fils, *avec ſurpriſe.*

L'Emploi de mon pere?

AURELLY, *le contrefait plaiſamment.*

Eh oui! l'Emploi de mon pere.

MÉLAC fils, *à part.*

Ah! Pauline!

SAINT-ALBAN, *remet un papier à Mélac pere.*

En voici l'aſſurance. Quelque deſir que j'aie eu de vous ſervir en cette affaire, je ne puis vous cacher que vous en devez toute la faveur aux sollicitations de Monsieur Aurelly.

MÉLAC pere.

Monsieur, son généreux caractere ne se dément point. Mais un autre avait, dit-on, obtenu cette grace.

AURELLY, *gaiement.*

C'était moi.

MÉLAC pere.

Ce solliciteur dont le crédit?....

AURELLY.

C'était moi.

MÉLAC fils.

Cet homme qui avait pris les devants?....

AURELLY.

C'était moi. Je m'en occupais depuis longtemps: ne m'a-t-il pas élevé une Niece charmante?

MÉLAC fils, *vivement.*

Oui, charmante.

SAINT-ALBAN.

Ah! charmante, en effet.

MÉLAC *fils rougit de son transport,* SAINT-ALBAN *le fixe avec curiosité.*

AURELLY, *prenant les mains de Mélac pere.*

Ne m'a-t-il pas promis d'étendre ses soins jusqu'à mon fils, lorſqu'il ſera en âge d'en profiter! Il faut bien que j'établiſſe le ſien, ah, ah, ah, ah....

MÉLAC pere, *à part.*

A quel ami je rends ſervice!

MÉLAC fils, *vivement à Aurelly.*

C'était donc cela qu'hier au ſoir.... vous feigniez.... Quelle ſurpriſe! ah! Monſieur!.... (*A part.*) Je ne me ſens pas de joie, courons annoncer cette nouvelle à Pauline.

(*Il ſort en courant.*)

SCENE X.

AURELLY, SAINT-ALBAN, MÉLAC pere.

MÉLAC pere.

EH bien!.... l'étourdi, qui oublie de vous faire ſes remercimens!

AURELLY.

Tu renvoies les chevaux?

MÉLAC pere.

Mon voyage eſt indiſpenſable.

AURELLY.

Encore ?

SAINT-ALBAN, *à Aurelly.*

Si c'eſt pour ce que je préſume, je ſuppléerai à ſa courſe. Mais, avant que d'en parler, recevez mon compliment, Monſieur, ſur la diſtinction flatteuſe, que vous venez d'obtenir. Le plus digne uſage des Lettres de Nobleſſe eſt, ſans doute, de décorer des Citoyens auſſi utiles que vous.

AURELLY.

Utiles. Voilà le mot. Qu'un homme ſoit Philoſophe, qu'il ſoit ſavant, qu'il ſoit ſobre, économe, ou brave : eh bien ! ... tant mieux pour lui. Mais, qu'eſt-ce que je gagne à cela, moi ? L'utilité dont nos vertus & nos talents ſont pour les autres, eſt la balance où je peſe leur mérite.

SAINT-ALBAN.

C'eſt à peu près ſur ce pied que chacun les eſtime.

MÉLAC pere, *à part.*

Comment faire maintenant pour partir ?

AURELLY.

Moi, par exemple, je me cite, parce qu'il en eſt queſtion, je fais battre journellement deux cents Métiers dans Lyon. Le triple de bras eſt néceſſaire aux apprêts de mes ſoies. Mes plantations de Muriers & mes Vers en occupent autant. Mes envois ſe détaillent chez tous les Marchands du Royaume, tout cela vit, tout cela gagne, & l'induſtrie portant le prix des matieres au centuple, il n'y a pas une de ces créatures, à commencer par moi, qui ne rende gaiement à l'Etat un tribut proportionné au gain que ſon émulation lui procure.

SAINT-ALBAN.

Jamais il ne perdra cette belle chaleur.

AURELLY.

Et tout l'or que la guerre diſperſe, Meſſieurs, qui le fait rentrer à la paix ? Qui oſera diſputer au commerce l'honneur de rendre à l'Etat épuiſé, le nerf & les richeſſes qu'il n'a plus ? Tous les Citoyens ſentent l'importance de cette tâche : le Négociant ſeul la remplit. Au moment que le Guerrier ſe repoſe, le Négociant a le bonheur d'être à ſon tour l'homme de la patrie.

SAINT-ALBAN.

Vous avez raiſon.

AURELLY.

Mais laiſſons cette converſation, Monſieur : qui vous ramene ſi-tôt en cette Ville ?

SAINT-ALBAN.

Probablement le même objet qui faiſait partir Monſieur de Mélac. Ma Compagnie me rappelle ; elle me charge.... Vous permettez que nous traitions devant vous....

AURELLY.

Vous vous moquez. Pour peu que......

SAINT-ALBAN.

Il n'y a point de myſtere. L'objet de ma miſſion eſt de raſſembler tous les fonds de cette Province épars dans les caiſſes de nos divers Receveurs, & de les faire paſſer ſur le champ à Paris.

MÉLAC pere, *à part.*

Qu'entends-je ?

AURELLY.

Ce n'eſt pas l'affaire d'un moment.

SAINT-ALBAN.

J'avais d'abord cru l'opération plus pénible : mais j'ai appris, dans ma tournée, que j'avais des graces à rendre à l'exactitude de Monſieur de Mélac : il m'a ſauvé les trois quarts de l'ouvrage.

MÉLAC pere, *interdit.*

Monſieur......

AURELLY.

Ah ! vous pouvez-vous flatter, Meſſieurs, que vous n'avez pas beaucoup de receveurs de cette fidélité : il eſt exact & toujours prêt. Il ne fait pas travailler vos fonds, lui.

SAINT-ALBAN.

Nous estimons trop Monsieur de Mélac pour lui faire un mérite d'une chose aussi simple. Commençons donc par envoyer cet argent si desiré. Alors, dégagé de tous soins, je pourrai jouir du plaisir de Philosopher quelques jours avec vous.

[*Mélac pere paraît plongé dans une profonde rêverie. Saint-Alban continue à Aurelly.*]

A propos, Monsieur, vous ne me dites rien de Mademoiselle votre niece, la plus aimable....

AURELLY.

Monsieur, il lui est arrivé un grand malheur.

SAINT-ALBAN.

Un malheur !

AURELLY.

Oui Monsieur. Elle avoit arrangé pour ce soir le plus beau, le plus brillant concert....

SAINT-ALBAN.

Qui peut avoir renversé ce charmant projet ?

AURELLY.

Faut-il le demander ? notre Philosophe. Il nous a remontré qu'en ce temps de crise, mille honnêtes gens étaient peut-être au désespoir sur les paiemens; & que ce ton de fête...... Voyez son air consterné dès qu'on en parle.

MÉLAC pere, *revenant à lui.*

Je... je rêvais aux diverses sommes qui m'ont été remises.

SAINTALBAN.

J'ai l'état ici. Environ cinq cent mille francs. Voulez-vous que nous passions dans votre cabinet ?

MÉLAC pere, *embarrassé.*

Si vous vous reposiez quelques jours ?

AURELLY.

Eh mais tu pars !

MÉLAC pere, *plus troublé.*

Je différerais......

SAINTALBAN.

Ah bon Dieu ! me reposer ! Il y a cinq nuits que je n'arrête point ; & ce n'est qu'après m'être bien assuré que tous les fonds de la Province étaient en vos mains, que j'ai repris ma route pour cette Ville.

MÉLAC pere, *à part.*

Tout est perdu.

SAINT-ALBAN, *d'un ton dégagé.*

Je suis d'une paresse...... l'ennemi-juré du travail. J'ai toutes les peines du monde à m'arracher à l'inaction, pour m'occuper d'affaires : mais aussi, quand je suis lancé, je ne m'arrête plus que tout ne soit terminé. Il est assez plaisant que cette impatience d'être oisif me tienne lieu du mérite contraire aux yeux de ma compagnie.

AURELLY.

Moi, je vous conseille de vous enfermer avant le dîner ; la diligence part cette nuit, vous pourrez y placer le caisson.

SAINT-ALBAN.

C'est bien dit.

AURELLY.

S'ils font les difficiles, ils ont un fort ballot à moi ; votre argent prendra sa place : il est plus pressé que mon envoi.

SAINT-ALBAN.

Rien de plus obligeant.

AURELLY.

Allons allons, débarassez-vous la tête.

MÉLAC pere, *outré, à Aurelly.*

Et vous...... n'embarrassez pas la vôtre, mon officieux ami.

AURELLY.

Comment donc !

MÉLAC pere, *déconcerté, à Saint-Alban.*

Monsieur, vous me prenez dans un moment..... au dépourvu.....

SAINT-ALBAN.

Que dites-vous, Monsieur ?

MÉLAC pere.

Je dis...... (*à part*) Ah ! je ſens la rougeur qui me ſurmonte...... Il faut l'avouer ; ce que vous me demandez eſt impoſſible.

SAINT-ALBAN.

Impoſſible ! Et vous partiez ?

MELAC pere.

Il eſt vrai.

SAINT-ALBAN.

Savez-vous, Monſieur, quels ſoupçons l'on pourrait prendre ?....

AURELLY, *vivement.*

Fi donc, Monſieur de Saint-Alban.

SAINT-ALBAN, *à Aurelly.*

Je vous demande pardon ; mais l'air, le ton, les diſcours me paraiſſent ſi clairs. Ce voyage....

AURELLY.

N'y a-t-il pas mille raiſons ?....

SAINT-ALBAN.

Un inſtant, je vous prie. — Avez-vous touché le montant de toutes les recettes, Monſieur de Mélac ?

MÉLAC pere, *accablé.*

Je ne puis le nier.

SAINT-ALBAN.

Pouvez-vous faire partir aujourd'hui tout l'argent que vous devez avoir ? (*Mélac pere ne ré-*

pond rien.) Parlez Monſieur ; car mes ordres ſont tels, que, ſur votre réponſe, il faut que je prenne un parti ſur le champ.

MÉLAC *pere rêve, ſa tête appuyée ſur ſa main.*

AURELLY, *vivement.*

Vous ne répondez pas?

MÉLAC pere, *outré, à Aurelly.*

Cruel homme! (*A Saint-Alban d'un air accablé.*) Je ne le puis, avant trois ſemaines au moins.

SAINT-ALBAN.

Trois ſemaines! Il ne m'eſt pas permis d'accorder trois jours. L'argent eſt annoncé. — C'eſt avec regret, Monſieur......

MÉLAC pere.

Je ne ſaurais l'empêcher : mais jamais tant de douleurs à la fois n'ont aſſailli un honnête-homme.

(*Il ſort.*)

AURELLY, *criant.*

Vous ſortez ?

SCENE XI.

AURELLY, SAINT-ALBAN.

SAINT-ALBAN.

Y CONCEVEZ-vous quelque chofe ?

AURELLY.

Je crois que la tête lui a tourné.

SAINT-ALBAN.

Vous fentez que je ne peux me difpenfer....

AURELLY.

Ne prenez point encore de parti.

SAINT-ALBAN.

Monfieur.... quoique vous puiffiez dire....

AURELLY.

Ayez confiance en moi. Mélac n'eft pas capable d'une action vile ni malhonnête.

SAINT-ALBAN.

Songez donc qu'il partait. Je répondrais de l'événement à ma compagnie.

AURELLY, *vivement.*

Monfieur.... vous allez perdre un honnête-homme, fon fils, fon état, fon honneur, tout eft abymé, ruiné.

SAINT-ALBAN.

J'en ſuis au déſeſpoir ; mais, n'étant que chargé d'ordres, il ne m'eſt pas permis de faire de graces.

AURELLY.

N'a-t-il pas ſes cautions ? Que voulez-vous de plus ? Je me fais garant de tout. Donnez-moi le temps d'éclaircir....

SAINT-ALBAN.

Un mot, à mon tour. Je ne dois pas prendre le change. Il ne s'agit plus de caution ici. C'eſt cinq cent mille francs qu'il faut, que j'ai annoncés, que la Compagnie attend : avancerez-vous cette ſomme aujourd'hui ?

AURELLY.

A la veille du paiement ? Tout le crédit du plus riche banquier ne lui ferait pas trouver un ſac dans Lyon.

SCENE XII.

AURELLY, PAULINE, SAINT-ALBAN.

PAULINE, *inquiete.*

QU'A donc Monſieur de Mélac, Mon oncle? il ſort d'avec vous dans un état affreux. J'ai voulu lui parler, il s'eſt enfermé bruſquement ſans me répondre.

AURELLY.

Eh! mon enfant! Il ſe trouve un vuide de cinq cent mille francs dans ſa caiſſe, on ne ſait ni comment, ni pourquoi. Je veux m'éclaircir: Monſieur de Saint-Alban refuſe le temps néceſſaire.

PAULINE, *effrayée.*

Ah! Monſieur, ſi vous avez de l'eſtime pour nous....

SAINT-ALBAN, *tendrement.*

De l'eſtime!....

AURELLY.

Seulement juſqu'à demain, que je puiſſe découvrir....

PAULINE.

Jusqu'à demain, Monsieur.... Nous refuserez-vous cette grace ?

SAINT-ALBAN.

Ah! Mademoiselle, je donnerais ma vie pour vous obliger : mais mon devoir a des droits sacrés que vous ne pouvez méconnaître, vous qui remplissez si bien tous les vôtres.

AURELLY.

Différer d'un jour, est-ce une faveur incompatible ?....

SAINT-ALBAN.

N'abusez point de votre ascendant : il ne convient à ma mission, ni à mon honneur que je vous écoute plus long-temps.

PAULINE, *outrée.*

Comme il vous plaira, Monsieur ; mais j'ai assez de confiance en l'honnêteté de Monsieur de Mélac, pour croire qu'on se trompe à son égard, & qu'il n'aura besoin ni de l'appui de ses amis, ni des graces de ses Chefs.

SAINT-ALBAN.

Puissiez-vous dire vrai, Mademoiselle ! mais dans l'état où sont les choses, il n'est pas décent que j'accepte un logement dans cette maison. Pardon, si je vous quitte.

AURELLY, *avec chaleur.*

Et moi, je ne vous quitte pas, en quelque endroit que vous alliez.

SCENE XIII.

PAULINE, *ſeule, dans l'accablement.*

QU'AI-je dit!.... Un trouble affreux m'avait ſaiſi.... Je ne l'ai pas aſſez ménagé.... Ma frayeur a-t-elle trahi mon ſecret?.... O Mélac! S'il avoit lu dans mon cœur!.... Quel mal j'aurais peut-être fait à ton pere! Il vient.

SCENE XIV.

PAULINE, MÉLAC Fils.

MÉLAC fils *entre d'un air transporté.*

PAULINE, Pauline, il faut que ma joie éclate à vos yeux.

PAULINE.

Votre joie !

MÉLAC fils.

Vous savez que rien ne m'intéresse, que ce qui peut nous rapprocher....

PAULINE.

Quel moment prenez-vous !.... Et quel ton !....

MÉLAC fils.

Dussiez-vous me traiter d'importun, d'audacieux, c'est celui d'un amant qui peut désormais vous offrir son cœur & sa main.

PAULINE.

L'un de nous est hors de sens.

MÉLAC fils.

C'est moi ! C'est moi ! la joie qui me transporte....

PAULINE.

La joie!

MÉLAC fils.

Votre oncle ne ſort-il pas d'ici?

PAULINE.

Tout ce que j'entends eſt ſi contraire à ſes diſcours.....

MÉLAC fils.

Il aura voulu vous inquiéter.

PAULINE.

M'inquiéter!.... Comment?.... Pourquoi m'effrayer?

MÉLAC fils.

Ce n'eſt qu'un badinage obligeant.

PAULINE, *avec dépit.*

On n'en fait pas d'auſſi cruel.

MÉLAC fils.

Quelle charmante colere! Elle me ravit: elle me touche plus que ma ſurvivance même.

PAULINE.

Je ne vous entends pas.

MÉLAC fils, *vivement.*

Ils n'ont rien dit!.... La ſurvivance, oui, je l'ai enfin; Saint-Alban nous en a remis l'afſſurance ; votre oncle , qui le ſavait , ne nous la caché que pour jouir de notre ſurpriſe. Dans l'excès de ma joie, je les ai quittés pour vous en apporter la nouvelle ; &, depuis un quart d'heure, je maudis les fâcheux qui m'arrêtent. Ah Pauline ! au lieu de partager cette joie....

PAULINE, *d'un ton étouffé.*

Vous n'avez rien appris de plus ?

MÉLAC fils.

Non.

PAULINE.

Je ne puis me réſoudre à lui percer l'ame.

MÉLAC fils.

Vous pleurez, ma chere Pauline !

PAULINE.

Malheureux !.... Vous veniez m'annoncer une nouvelle charmante, — il faut que je vous en apprenne une horrible.

MÉLAC fils.

On veut nous ſéparer ?

PAULINE, *héſitant.*

Ah Mélac ! ſi ce qu'on dit eſt vrai.... votre pere....

MÉLAC fils.

Mon Pere ?

PAULINE.

On ſoupçonne....

MÉLAC fils.

Quoi ?

PAULINE.

Qu'il aurait détourné les fonds....

MÉLAC fils.

L'argent de ſa caiſſe ?

PAULINE.

Voilà ce qu'ils ont dit.

MÉLAC fils.

Quelle horreur !

PAULINE.

Saint-Alban n'en a plus trouvé.

MÉLAC fils.

C'eſt une impoſture ; hier au ſoir j'y compta cinq cent mille livres : mais il vous aime ; &, s'i cherche à nuire à mon pere, croyez que c'eſt pou m'éloigner de vous.

PAULINE.

Puiſſiez-vous n'avoir pas d'autre malheur à r-douter ! Non, mon cher Mélac, vous n'aurez j-mais de rivaux dans le cœur de Pauline.

MÉLAC fils.

Vous m'aimez !

PAULINE.

Que cet aveu ſoutienne votre courage ! n

en aurons besoin. Saint-Alban est jaloux. Le sort de votre pere me fait trembler.

MÉLAC fils.

Lui faites-vous, Pauline, l'injure de le croire coupable ?

PAULINE.

Ah! ne voyez que mon effroi. Mais nous perdons un temps précieux. Courez à votre pere, allez le consoler.

MÉLAC fils.

Je vais l'enflammer de couroux contre un traître.

PAULINE.

S'il n'y avait que Saint-Alban qui l'accusât.... mais mon oncle lui-même.....

MÉLAC fils.

Votre oncle !

PAULINE.

Il va revenir. Vous connaissez sa franchise, elle ne lui permet pas toujours de garder avec les malheureux les ménagemens dont ils ont tant besoin....

MÉLAC fils.

Vous me glacez le sang.

PAULINE.

Soyez présent aux explications : que votre bon esprit en prévienne l'aigreur. Si votre pere est embarrassé, mon oncle est le seul dont on puisse espérer un prompt secours.....

MÉLAC fils, *troublé.*

Quoi ! votre oncle est persuadé....

PAULINE.

Craignez sur-tout de vous oublier avec lui : songez que notre sort en dépend. (*Avec une grande effusion.*) Mon cher Mélac.... Dans le péril qui nous menace, ah !... vous m'aurez assez méritée, si vous réussissez à m'obtenir.

MÉLAC fils.

O mêlange inoui !.... Non ! je ne puis comprendre.... N'importe, vous serez obéie. — Je me contiendrai. — Vous connaîtrez, Pauline, s'il est des ordres remplis comme ceux que l'Amour exécute.

(*Il lui baise la main, & ils sortent.*)

Fin du second Acte.

ACTE III.

SCENE PREMIERE.

MÉLAC pere, MÉLAC fils.

MÉLAC pere, *avec chagrin.*

NE me ſuivez pas, mon fils.

MÉLAC fils.

Eh ! le puis-je mon pere !

MÉLAC pere.

Je vous l'ordonne.

MÉLAC fils.

Vous abandonner dans un moment ſi fâcheux !

MÉLAC pere.

Votre douleur m'importune.... elle m'offenſe.

MÉLAC fils.

Je connais trop mon pere, pour ſoupçonner rien

qui lui ſoit injurieux. Mais ſi votre bonté me laiſſait percer un myſtere....

MÉLAC pere.

Mon fils !

MÉLAC fils.

Refuſerez-vous de m'indiquer les moyens de vous ſervir ? d'adoucir au moins vos peines ?

MÉLAC pere.

Il eſt des devoirs dont ton âge & ta vivacité t'empêcheraient de ſentir toute l'obligation.

MÉLAC fils.

Vous m'avez appris à reſpecter tous ceux qui ſont ſacrés pour vous. Ayez confiance aux principes de votre fils ; ce ſont les vôtres.

MÉLAC pere, *avec bonté.*

Mon ami, tu commences ta carriere quand je finis la mienne ; & l'on voit différemment. L'intérêt du paſſé touche peu les jeunes gens, ils ſacrifient beaucoup à l'eſpérance. Mais quand la vieilleſſe vient nous rider le viſage, & nous courber le corps ; dégoutés du préſent, effrayés ſur l'avenir, que reſte-t-il à l'homme ? L'unique plaiſir d'être content du paſſé. (*d'un ton plus ferme.*) J'ai fait ce que j'ai dû ; je vous défends de me preſſer davantage.

MÉLAC fils.

Les ſuites de cette journée me font mourir de frayeur.

MÉLAC pere.

Saint-Alban eſt généreux, il ne ſe déterminera pas légerement à perdre un homme dont il a penſé du bien juſqu'à ce jour.

MÉLAC fils.

Ah mon pere ! ſi c'eſt là l'eſpoir qui ſoutient votre courage ; le mien m'abandonne entierement. Saint-Alban eſt notre ennemi.

MÉLAC pere.

Ne faiſons point injure, mon fils, à celui qui n'écoute que la voix de ſon devoir.

MÉLAC fils, *vivement.*

Il aime Pauline. Il n'eſt revenu que pour elle, il me croit ſon rival. Jugez s'il nous hait, & ſi la jalouſie ne lui fera pas pouſſer les choſes....

MÉLAC pere.

Elle pourrait l'indiſpoſer. Mais qu'elle apparence que Saint-Alban ?....

MÉLAC fils.

En me confiant ce ſecret, Pauline ne m'a pas caché combien elle s'alarme pour vous.

MÉLAC pere.

D'où naîtrait ſa jalouſie ? — Nuire à ſes

desseins ! Nous ! Y a-t-il un seul instant de notre vie où nous ne missions pas tous nos soins à faire entrer Aurelly dans des vues aussi avantageuses pour sa niece, s'il avait la folie de s'y refuser ? Courez donc le tirer d'erreur, mon fils. — Mais non : il convient que ce soit moi-même ; & ce soir....

(*il fait un mouvement pour sortir.*)

MÉLAC fils, *se mettant devant lui.*

Ah ! mon pere, arrêtez.... Elle m'aime, elle vient de me l'avouer. N'aurai-je donc reçu sa foi que pour la trahir à l'instant ?

MÉLAC pere, *surpris.*

Reçu sa foi !

MÉLAC fils.

Le premier usage que je ferais des droits qu'elle m'a donnés, serait de les transmettre à mon ennemi !

MÉLAC pere, *s'échauffant.*

Des droits ? Quel discours ! Quel délire !

MÉLAC fils.

La céder à Saint-Alban, me couvrirait de honte inutilement.

MÉLAC pere.

Mon fils....

MÉLAC fils.

Pauline outragée me mépriserait, sans ratifier cet indigne traité.

MÉLAC pere, *en colere.*

Quoi donc, Monsieur? Me croyez-vous déja si méprisable? Mon infortune a-t elle éteint en vous le respect? Vous ne m'écoutez plus....

MÉLAC fils.

Ah mon pere! Ah Pauline!

MÉLAC pere.

Vous seriez-vous flatté qu'elle se donnerait à vous malgré son oncle? vous la connaissez mal. Aurelly n'a jamais eu de vues sur vous: j'en suis certain. Quels sont donc vos projets?

MÉLAC fils.

Je suis au désespoir.

SCENE II.

AURELLY, MÉLAC pere, MÉLAC fils.

AURELLY, *se met dans un fauteuil en s'essuyant le visage, & dit :*

ME voilà revenu.

MÉLAC fils, *tremblant.*

Vous quittez Saint-Alban, Monsieur; n'avez-vous rien gagné sur cet homme impitoyable ?

AURELLY, *brusquement.*

Saint-Alban n'est point dur : c'est un homme juste. Chargé, par sa Compagnie, d'ordres pressans, il trouve un vuide immense dans la caisse où il venoit puiser des ressources : il m'a objecté mes principes, je suis resté muet. Il allait faire saisir les papiers de Monsieur.....

MÉLAC fils, *effrayé.*

Saisir les papiers !

AURELLY.

A peine ai-je obtenu de lui le temps de venir prendre quelqu'éclaircissement sur une aventure aussi incroyable.

MÉLAC pere.

Il m'eſt affreux de vous affliger : mais je n'en puis donner aucun, mon ami.

AURELLY.

Je rougirais toute ma vie d'avoir été le vôtre, ſi vous étiez coupable d'une ſi baſſe infidélité.

MÉLAC pere.

Rougiſſez donc.... car je le ſuis.

AURELLY, *s'échauffant.*

Vous l'êtes !

MÉLAC fils.

Cela ne ſe peut pas.

AURELLY, *d'un ton plus doux.*

Avez-vous eu l'imprudence d'obliger quelqu'un avec ces fonds ? Parlez. — au moins vous avez une reconnoiſſance, un titre, une excuſe qui permette à vos amis de s'employer pour vous ?

MÉLAC pere, *vivement.*

Je n'ai pas dit que j'euſſe prêté l'argent.

AURELLY.

Vous l'aviez lundi.

MÉLAC fils, *tremblant.*

Hier encore je l'ai vu, mon pere.

AURELLY.

Cent mille francs à vous, deſtinés à l'établiſſement de votre fils, où ſont-ils ?

MÉLAC pere.

Toutes les pertes du monde me toucheraient moins que l'impossibilité de justifier ma conduite.

AURELLY.

Vous gardez le silence avec moi ?

MÉLAC fils.

Mon pere....

MÉLAC pere.

Plus vous êtes mon ami, moins je puis parler:

AURELLY.

Votre ami!... je ne le suis plus.

MÉLAC fils.

Ah Monsieur !

AURELLY.

» Si c'était moi, » me disait-il ce matin. — Ainsi donc, en défendant les malhonnêtes gens, c'était ta cause que tu plaidais ?

MÉLAC pere.

Je n'ai plaidé que celle des infortunés.

AURELLY.

Avec quel sang froid !.... Je mourrais de douleur, si rien de semblable....

MÉLAC pere, *vivement.*

Ami, je n'en suis que trop certain.

AURELLY.

Et tu soutiens mes reproches!

MÉLAC pere.

Plût au Ciel, que j'eusse pu les éviter !

AURELLY.

En fuyant honteusement.

MÉLAC pere.

Moi, fuir !

AURELLY.

Ne partiez-vous pas ? — Je ne parle point du tort que tu fais à tes garants : mais, malheureux ! n'avez-vous donc attendu, pour vous déshonorer, que le temps nécessaire pour apprendre à n'en point rougir ?

MÉLAC fils, *pénétré.*

Ah Monsieur !

MÉLAC pere, *avec dignité.*

N'avez-vous jamais été blâmé pour l'action même dont votre vertu se glorifiait ?

AURELLY, *s'échauffant.*

Invoquer la vertu, lorsqu'on manque à l'honneur !

MÉLAC fils, *d'un ton sombre.*

Monsieur....

MÉLAC pere, *avec douceur.*

Aurelly, je puis beaucoup souffrir de vous.

AURELLY, *avec feu.*

Les voilà donc, ces Philosophes ! Ils sont indifféremment le bien ou le mal, ſelon qu'il ſert à leurs vues!....

MÉLAC fils, *plus fort.*

Monſieur Aurelly!....

AURELLY.

Vantant à tous propos la vertu, dont ils ſe moquent; & ne ſongeant qu'à leurs intérêts, dont ils ne parlent jamais!...

MÉLAC fils, *s'échauffant.*

Monſieur Aurelly!....

AURELLY, *plus vîte.*

Comment un principe d'honnêteté les arrêterait-il, eux, qui n'ont jamais fait le bien que pour tromper impunément les hommes!

MÉLAC pere, *avec douleur.*

J'ai pu quelquefois me tromper moi-même....

AURELLY, *en fureur.*

Un honnête-homme qui s'eſt trompé, ne rougit pas de mettre ſa conduite au grand jour.

MÉLAC pere.

Il eſt des momens, où, forcé de ſe taire, il doit ſe contenter du témoignage de ſon cœur.

AURELLY, *hors de lui.*

Le témoignage de ſon cœur! L'intérêt perſonel renverſe ici toutes les idées!

MÉLAC

MÉLAC pere, *emporté par la chaleur d'Aurelly.*

Eh bien ! injuste ami.... (*à part.*) Ah Dieux ! qu'allais-je faire !

AURELLY.

Tu voulais parler.

MÉLAC pere, *avec chagrin.*

Je ne répondrai plus.

(*Il va s'asseoir.*)

AURELLY, *indigné.*

Va ! tu me fais bien du mal ; tu me rends à jamais soupçonneux, méfiant & dur. Toutes les fois que je verrai l'empreinte de la vertu sur le visage de quelqu'un, je me souviendrai de toi.

MÉLAC fils, *en colere.*

Finissez, Monsieur.

AURELLY.

Je dirai : ce masque imposteur m'a séduit trop long-temps, & je fuirai cet homme.

MÉLAC fils.

Finissez, vous dis-je. Quittez ce ton outrageant ! De quel droit osez-vous le prendre avec mon pere ?

AURELLY.

Quel droit, jeune homme ? Celui que toute ame honnête a sur un coupable.

MÉLAC fils.

L'est-il à votre égard ?

AURELLY.

Oui, puiſqu'il ſe manque à lui-même.

MÉLAC fils, *outré.*

Arrêtez, ou je ne garde plus de meſures avec vous....

MÉLAC pere, *ſe levant.*

Quel emportement, mon fils! il a raiſon; & ſi j'avais à rougir de ma conduite, les reproches de cet honnête homme.... Laiſſez-nous.

SCENE III.

AURELLY, PAULINE, MÉLAC, fils, MÉLAC pere.

PAULINE.

Un inſtant a détruit le bonheur & la paix de notre maiſon! — Ah mon oncle!

AURELLY.

Tu me vois entre la conduite du pere qui m'indigne, & la préſomption du fils qui me menace.

PAULINE.

Lui!.... vous, Mélac!

MÉLAC fils, *tremblant.*

Il outrage mon pere ſans ménagement. J'ai long-temps ſouffert....

PAULINE, *bas.*

Imprudent !

MÉLAC fils.

Pauline !

MÉLAC pere, *à ſon fils.*

Sortez ; je vous l'ordonne.

MÉLAC fils, *furieux.*

Oui, je ſors. (*à part.*) Mais l'odieux inſtigateur de tant de cruauté....

PAULINE, *avec effroi.*

Il va ſe perdre.

MÉLAC pere, *ſaiſit le bras de ſon fils.*

Qu'avez vous dit ?

MÉLAC fils, *hors de lui.*

J'ai dit.... (*Il ſe retient pour cacher ſon projet.*) que je ne vis jamais tant de cruauté.

(*Il ſort.*)

SCENE IV.

AURELLY, PAULINE, MÉLAC pere.

PAULINE, *le regardant aller avec effroi.*

Ciel ! détournez les malheurs qui nous menacent aujourd'hui.

AURELLY.

Il s'obstine au silence ; & je ne puis rien découvrir.

PAULINE, *à Mélac pere.*

Ah mon bon ami ! Pourquoi craignez-vous de déposer votre secret dans le sein de mon oncle ? Il vous aime de si bonne foi !

AURELLY, *indigné.*

Moi ! je l'aime ?

PAULINE, *avec ardeur.*

Oui, vous l'aimez : ne vous en défendez pas.

AURELLY, *douloureusement.*

Eh bien ! oui, je l'aime, & c'est ma honte ; mais je ne l'estime plus, voilà mon malheur. Il m'est affreux de renoncer à l'opinion que j'avais de lui. La perte entiere de ma fortune m'eût été moins sensible.

MÉLAC pere, *attendri.*

Aurelly, attends quelques jours avant de juger ton ami. Ta généreuſe colere me pénetre de reſpect. Crois que, ſans les plus fortes raiſons....

AURELLY.

En eſt-il contre mes inſtances ? Parle, malheureux. Coupable ou non, ſi je puis te ſervir....

PAULINE.

Voyez la douleur où vous nous plongez.

MÉLAC pere, *pénétré.*

Mes chers amis, l'honneur me défend de parler. Je ne ſuis pas encore coupable ; je le deviendrais, ſi je reſtais ici plus long-temps. La moindre indiſcrétion.... Ce moment difficile ne peut-il être juſtifié par ma conſtante amitié pour vous ? Croyez que, pour ſe plaire avec d'auſſi honnêtes gens, il faut l'être ſoi-même.

(*Il ſort.*)

SCENE V.

AURELLY, PAULINE.

PAULINE.

JE ſens qu'il dit vrai.

AURELLY, *encore échauffé.*

Quel argument! Et les frippons auſſi ſe plaiſent avec les honnêtes-gens ; car ils trouvent leur compte dans la bonne-foi de ceux-ci. (*Plus doux.*) Cependant, il faut l'avouer, il m'a remué juſqu'au fond de l'ame.

PAULINE.

Non, il n'eſt pas coupable. — Il aura rendu quelque grand ſervice, dont tout le mérite, à ſes yeux, eſt peut-être de reſter ignoré.

AURELLY.

Mais manquer de fidélité! ....

PAULINE.

Avec un homme du caractere de Monſieur de Mélac, je ſuis tentée de reſpecter tout ce que je ne puis comprendre.

AURELLY.

Quelqu'uſage qu'il ait fait de ces fonds ; il eſt inexcuſable.... Et partir!

PAULINE.

Une voix intérieure me dit que ce crime apparent eſt peut-être, en lui, le dernier effort d'une vertu ſublime. (*D'un ton moins aſſuré.*) Et ſon malheureux fils, mon Oncle, ne vous fait-il pas compaſſion ? A quelle extrémité l'amour de ſon pere vient de le porter contre vous, qu'il chérit ſi parfaitement !

AURELLY.

Il eſt vif ; mais ſon cœur eſt honnête. Eh ma Pauline ! ce que je regrette le plus, eſt de n'avoir pu fonder ſur lui le bonheur de mes vieux jours.

PAULINE, *à part.*

Qu'entends-je ! (*Haut.*) Ah Monſieur ! n'abandonnez pas votre ami : ſoyez ſûr qu'il juſtifiera ce que vous aurez fait pour lui.

AURELLY.

Ta faibleſſe diminue la honte que j'avais de la mienne. Tu me preſſes de le ſervir.... apprends que je l'ai tenté. J'ai offert ma garantie à Saint-Alban.

PAULINE.

Il la refuſe ?

AURELLY.

Il m'a montré des ordres ſi formels !.... Il ne peut différer d'envoyer la ſomme annoncée.

PAULINE, *d'un ton insinuant.*

N'y a-t-il donc aucun moyen de la faire cette somme ?

AURELLY.

Cinq cent mille francs ! A la veille du paiement ? Crois, mon enfant, que, sans les fonds que Dabins reçoit de Paris en ce moment, j'eusse été moi-même fort embarrassé.

PAULINE.

Vous m'avez dit si souvent que vous aviez beaucoup de ces effets que l'on pouvait fondre au besoin.

AURELLY.

Il est vrai qu'il m'en reste à Paris pour cinq cent mille francs, chez mon ami Préfort.

AURELLY.

Chez Monsieur de Préfort.... Et ne sont-ils pas bons ?

AURELLY.

Excellens, pareils à ceux dont il me fait passer la valeur aujourd'hui. Mais tout ne m'appartient pas : il y a cent mille écus auxquels je ne puis toucher. C'est un dépôt.... sacré.

PAULINE.

Votre fortune est plus que suffisante pour assurer cette somme à son propriétaire.

AURELLY, *avec chaleur.*

Voulez-vous que je me rende coupable de l'abus de confiance que je reproche à ce malheureux? La ſeule choſe peut-être ſur laquelle il ne puiſſe y avoir de compoſition, c'eſt un dépôt. De l'argent prêté, on l'a reçu pour s'en ſervir; mille raiſons peuvent en faire excuſer le mauvais emploi; mais un dépôt.... Il faut mourir auprès.

PAULINE.

Si l'on parlait à celui de qui vous le tenez?

AURELLY.

Apprends qu'il n'en a ramaſſé les fonds que pour acquitter une dette.... immenſe. Il les deſtine à réparer, s'il peut, des torts!... Mais tu m'accuſerais de dureté... Tu veux le voir: parle-lui, j'y conſens: il eſt prêt à t'entendre; & cet homme.... c'eſt moi.

PAULINE, *avec joie.*

Ah! je reſpire. Nos amis ſeront ſauvés.

AURELLY.

Avant que d'être généreux, Pauline, il faut être juſte.

PAULINE.

Qui oſerait vous taxer de ne pas l'être?

AURELLY.

Toi-même, à qui je vais enfin confier le ſecret de cet argent. Écoute, & juge-moi.... Je fus jeune & ſenſible autrefois. La fille d'un Gentilhomme, (peu riche à la vérité) m'avait permis de l'obtenir de ſes parens. Ma demande fut rejettée avec dédain. Dans le déſeſpoir où ce refus nous mît, nous n'écoutâmes que la paſſion. Un mariage ſecret nous unît. Mais la famille hautaine, loin de le confirmer, renferma cette malheureuſe victime, & l'accabla de tant de mauvais traitemens, qu'elle perdit la vie, en la donnant à une fille.... que les cruels déroberent à tous les yeux.

PAULINE.

Cela eſt bien inhumain!

AURELLY.

Je la crus morte avec ſa mere : je les pleurai long-temps. Enfin j'épouſai la niece du vieux Chardin, celui qui m'a laiſſé cette maiſon de commerce. Mais le hazard me fit découvrir que ma fille était vivante. Je me donnai des ſoins. Je la retirai ſecrétement; &, depuis la mort de ma femme, j'ai pris tous les ans, ſur ma dépenſe, une ſomme propre à lui faire un ſort indépendant du bien de mon fils. Voilà qu'elle eſt la malheureuſe propriétaire de ces cent mille écus : crois-tu, mon enfant, qu'il y ait un dépôt plus ſacré ?

PAULINE.

Non ;.... il n'en eſt pas.

AURELLY.

Puis-je toucher à cet argent ?

PAULINE.

Vous ne le pouvez pas. Pauvre Mélac ! Mais vous êtes attendri ; je le ſuis moi-même. Pourquoi donc cette infortunée m'eſt-elle inconnue ? Pourquoi me faites-vous jouir d'un bien-être & d'un état qui lui ſont refuſés ?

AURELLY.

Tu connais le préjugé. Ma niece eſt honorablement chez moi ; ma fille ne pouvait y demeurer ſans ſcandale ; & celui qui a manqué à ſes mœurs, n'en eſt pas moins tenu de reſpecter celles des autres.

PAULINE, *avec chaleur.*

Je brûle de m'acquitter envers elle, de tout ce que je vous dois ; allons la trouver. Faiſons-lui part de nos peines. Elle eſt votre fille ; peut-elle n'être pas compatiſſante & généreuſe ?

AURELLY.

Que dis-tu, Pauline ? Tout ſon bien ! le ſeul

dédommagement de son infortune, tu veux le lui arracher!

PAULINE.

Nous aurons fait notre devoir envers nos amis.

AURELLY.

Elle se doit la préférence.

PAULINE.

Elle peut nous l'accorder.

AURELLY.

Mettez-vous en sa place.... Une telle proposition.....

PAULINE.

Ah! comme j'y répondrais!

AURELLY.

Si elle nous refuse?

PAULINE.

Nous ne l'en aimerons pas moins; mais n'ayons aucun reproche à nous faire.

AURELLY.

Tu l'exiges?

PAULINE, *vivement.*

Mille, mille raisons me font un devoir de la connaître.

AURELLY, *d'une voix étouffée.*

Ah ma Pauline!

PAULINE.

Qu'avez-vous ?

AURELLY.

Ta ſenſibilité m'ouvre l'ame; & mon ſecret.....

PAULINE.

Ne regrettez pas de me l'avoir confié.

AURELLY.

Mon ſecret.... s'échappe avec mes larmes.

PAULINE.

Mon oncle.....

AURELLY.

Ton oncle !

PAULINE.

Quels ſoupçons !

AURELLY.

Tu vas me haïr.

PAULINE.

Parlez.

AURELLY.

O précieux enfant !

PAULINE.

Achevez.

AURELLY, *lui tend les bras.*

Tu es cette fille chérie.

PAULINE, *s'y jette à corps perdu.*

Mon pere !

AURELLY, *la soutient.*

Ma fille ! ma fille ! la premiere fois que je me permets ce nom, faut-il le prononcer si douloureusement !

PAULINE, *veut se mettre à genoux.*

Ah mon pere !

AURELLY, *la retient.*

Mon enfant, ... console-moi : dis-moi que tu me pardonnes le malheur de ta naissance ; combien de fois j'ai gémi de t'avoir fait un sort si cruel !

PAULINE, *avec un grand trouble.*

N'empoisonnez pas la joie que j'ai d'embrasser un pere si digne de toute mon affection.

AURELLY.

Eh bien ! ma Pauline ! Ma chere Pauline ! (Car ta mere que j'ai tant aimée, se nommait ainsi.) Ordonne. Exige. Tu m'as arraché mon secret : mais pouvais-je disposer de ton bien, sans ton aveu ?

PAULINE.

C'est le vôtre, mon pere. Ah s'il m'appartenait !...

AURELLY.

Il est à toi : plus des deux tiers est le fruit de l'économie avec laquelle tu gouvernes cette maison. Prescris-moi seulement la conduite que tu veux que je tienne aujourd'hui.

PAULINE, *vivement.*

Peut-elle être douteuſe ! Mon pere, allez, prenez ce bien ; offrez ces effets à Saint-Alban ; qu'ils ſervent à le déſarmer, à ſauver nos amis.

AURELLY.

Que te reſtera-t-il ?

PAULINE.

Vos bontés.

AURELLY.

Je puis mourir.

PAULINE.

Cruel que vous êtes !

AURELLY, *la ſerre contre ſon ſein.*

Mon cœur eſt plein : le tien l'eſt auſſi. Retire-toi. Il faut que je me remette un moment du trouble où cette converſation m'a jetté.

PAULINE, *avec un ſentiment profond.*

Ah Mélac !.... Que je ſuis heureuſe !....

(*Elle ſort.*)

SCENE VI.

AURELLY, *ſeul.*

JE ſuis tout ému. Quel prix la reconnaiſſance de cette enfant met aux ſoins qu'il s'eſt donnés pour ſon éducation!.... Allons donc. Il faut le tirer de ce mauvais pas, toute miſérable qu'eſt ſa conduite. Ce qu'il ne mérite plus, je me le dois.... pour l'honneur d'une amitié de cinquante ans.... pour ſon fils, qui eſt un bon ſujet.... Le plus preſſé maintenant, c'eſt de voir le Fermier Général. *(Il ſoupire.)* Non, je ne regrette pas l'argent; mais c'eſt, qu'au fond du cœur, je ne fais plus le moindre cas de cet homme-là.

Fin du troiſième Acte.

ACTE

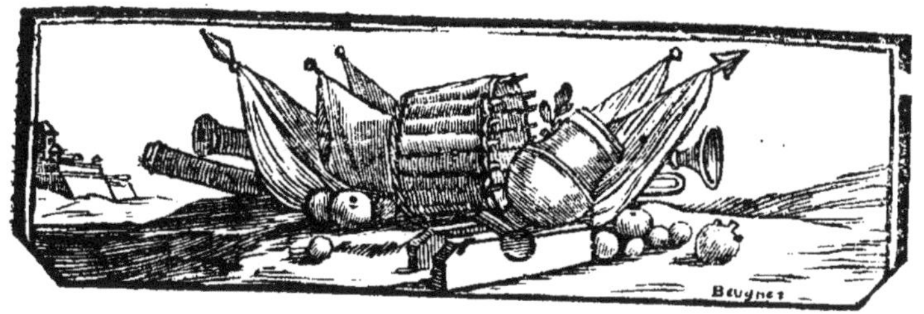

ACTE IV.

SCENE PREMIERE.

ANDRÉ, *ſeul.*

» IMBÉCILLE ! Benêt ! Fais par-ci, va-t-en là. » Qu'on ferme ma porte pour tout le monde. Laiſſe » entrer Monſieur Saint-Alban ». Mille ordres à la fois ! Comme ſi on était un Sorcier pour retenir tout ça !.... Parce qu'ils ſont en querelle, il faut qu'un pauvre Domeſtique.... Euh ! que je voudrais bien !.... Je voudrais que chacun ne fut pas plus égaux l'un que l'autre. Les Maîtres ſeroient bien attrapés !.... Oui ! & mes gages, qui eſt-ce qui me les paierait ?

SCENE II.

SAINT-ALBAN, ANDRÉ.

SAINT-ALBAN.

MONSIEUR Aurelly eſt-il au logis, André ?

ANDRÉ.

Non, Monſieur, pour perſonne; mais ce n'eſt pas pour Monſieur que je dis ça : Il faut que vous entriez, vous. Il va deſcendre; Monſieur veut-il que je l'aille avertir ?

SAINT-ALBAN.

Non; il peut être occupé; j'attendrai. (*Il ſe promene , & dit à lui-même.*) Le devoir me preſſe d'agir.... l'amour me retient.... la jalouſie.... Non ! jamais mon cœur ne fut plus tourmenté. S'aimeraient-ils ? La douleur qu'elle a laiſſé voir ce matin était trop vive ! .... André ?

ANDRÉ.

Monſieur m'appelle ?

SAINT-ALBAN, *à part..*

Ce garçon eſt naïf; faiſons-le jaſer. — (*Haut ; en s'aſſeyant.*) Mon cher André ?

ANDRÉ.

Monſieur eſt plus bon que je ne mérite.

SAINT-ALBAN.

Où eſt ta jeune Maitreſſe?

ANDRÉ.

Ah Monſieur! On était ſi gai les autres voyages, quand vous arriviez! ce n'eſt pas par intérêt que je le dis: mais de ce que vous ne logez plus ici, ça fait une peine à tout le monde.... Mameſelle, pleure, pleure, pleure! & notre Maître!... On a ſervi le dîner: Monſieur de Mélac, ſon fils, perſonne ne s'eſt mis à table; ni Monſieur, non plus.... ni Mameſelle, non plus.

SAINT-ALBAN, *à lui-même.*

Ni Mademoiſelle non plus! pleurer! ne rien prendre! il y a plus que de l'amitié; la reconnoiſſance ne va pas ſi loin.

ANDRÉ.

Moi, je ſuis ſi triſte, qu'en vérité, hors mes repas, tout eſt reſté à faire aujourd'hui.

SAINT-ALBAN.

Mais, dis-moi, André; eſt-ce qu'on ne parle pas quelquefois de la marier?

ANDRÉ.

Oh! que oui, très-ſouvent: bien des gens de Lyon l'ont demandée; mais bernique, pas pour un diantre, notre Maître s'y entête.

SAINT-ALBAN.

Et ces refus paraissent-ils la contrarier ? l'affliger ?

ANDRÉ.

Elle ? ah ! vous la connaissez bien ! un mari ? elle s'en soucie.... comme moi ; pourvu qu'elle soit obligeante à ravir, qu'elle veille sur toute la maison, qu'elle épargne le bien de son oncle, & qu'elle donne tout son chétif avoir aux pauvres gens, elle est gaie comme pinçon.

SAINT-ALBAN, *à part.*

Quel éloge ! dans une bouche mal-adroite ! il m'enflamme. (*Il tire sa bourse.*) Tiens, ami, prends ceci, & dis-moi encore....

ANDRÉ.

Un louis ! Oh ! mais.... si ce que Monsieur voudrait savoir était un mal !....

SAINT-ALBAN.

Non ; c'est ton honnêteté que je récompense. Nous raisonnons.... entre tous les gens qui ont des vues sur la Demoiselle, j'aurais pensé que le jeune Mélac....

ANDRÉ.

Eh bien ! Monsieur me croira s'il voudra ; mais cette idée-là m'est aussi venue plus de cent fois pour eux. Pas vrai que ça ferait un bien gentil ménage ?

SAINT-ALBAN, *avec chagrin.*

Elle, & lui?

ANDRÉ.

Ah! c'eſt qu'elle eſt ſi joliment tournée à ſon humeur! & c'eſt qu'il l'aime! il l'aime!

SAINT-ALBAN, *à lui-même.*

Il l'aime!..... Pourquoi m'en troubler? J'ai dû m'y attendre. Qui ne l'aimerait pas!

ANDRÉ.

Il n'y a que ceux, qui ne l'ont jamais vue.

SAINT-ALBAN.

Et.... crois-tu que ta jeune Maitreſſe lui accorde du retour?

ANDRÉ, *cherchant à comprendre.*

Du retour?

SAINT-ALBAN.

Oui.

ANDRÉ, *riant niaiſement.*

Ah! ah! ah! je vois bien à-peu-près ce que Monſieur veut dire. — Mais tenez, il ne faut pas mentir; en conſcience, tout ce que je ſais, c'eſt que je ſais bien que je n'en ſais rien.

SAINT-ALBAN, *à lui-même.*

S'il en était préféré; dans l'intimité où vivent leurs parens, aurait-on manqué de les unir?

ANDRÉ.

Ils ne ſont pas déſunis pour ça. Quoi qu'elle le gronde toujours, il ne ſaurait être une heure ſans venir faire le patelin autour d'elle; &, quand il peut attraper quelque morale, il s'en va content! ....

SAINT-ALBAN.

C'eſt aſſez, ami. *(A lui-même.)* Sans doute ils attendaient cette ſurvivance pour conclure.... & moi je l'apporte! Je forge l'obſtacle que je redoute! ah! ma jalouſie s'en irrite.... Qu'on eſt prêt d'être injuſte quand on eſt amoureux!

ANDRÉ, *à part.*

Il faut que ces grands génies aient bien de l'eſprit, de pouvoir penſer comme ça tous ſeuls à quelque choſe. J'ai beau faire, moi; dès que je veux ſonger à penſer, je m'embrouille, & l'envie de dormir me prend tout de ſuite.

(Il ſort, voyant entrer ſon Maître.)

SCENE III.

SAINT-ALBAN, AURELLY.

AURELLY.

AH ! Monſieur, pardon ; vous m'avez prévenu, j'allais paſſer chez vous.

SAINT-ALBAN.

Je viens vous dire qu'il m'eſt impoſſible de différer plus long-temps. Cette journée preſque entiere, accordée à vos inſtances, n'a mis aucun changement dans nos affaires.

AURELLY.

Elle en a mis beaucoup.

SAINT-ALBAN.

A-t-on trouvé les fonds ?

AURELLY.

J'en fais bon pour Mélac.

SAINT-ALBAN.

Vous payez les cinq cent mille francs ?

AURELLY.

Cent mille écus que j'emprunte, le reſte à moi ; le tout en un mandat ſur mon Correſpondant de Paris, payable à votre arrivée.

SAINT-ALBAN, *à part.*

Le mariage eſt certain, on ne fait pas de tels ſacrifices.... (*Haut.*) J'admire votre généroſité. Je recevrai la ſomme que vous offrez; mais..... je ne puis me diſpenſer de rendre compte....

AURELLY.

Quelle néceſſité?

SAINT-ALBAN.

Ce que vous faites pour Mélac, ne le lave pas de l'abus de confiance dont il s'eſt rendu coupable.

AURELLY.

Lorſqu'on ne vous fait rien perdre?

SAINT-ALBAN.

La même choſe peut arriver encore, & vous ne ſerez pas toujours d'humeur....

AURELLY.

En ce cas, Monſieur.... je reprends ma parole: c'eſt ſon honneur ſeul qui me touche; &, ſi je ne le ſauve pas en acquittant ſa dette, il eſt inutile que je me dépouille gratuitement.

SAINT-ALBAN

Vous deſapprouvez ma conduite?

AURELLY.

Je n'entends rien à votre politique. Que Mélac ſoit coupable de mauvaiſe foi, ou ſeulement d'imprudence, en rejettant mes conditions, vous riſquez....

SAINT-ALBAN.

Je ne les rejette pas; mais il faut m'expliquer.

AURELLY.

J'écoute.

SAINT-ALBAN.

Vous voulez ſa grace entiere ?

AURELLY.

Sans reſtriction.

SAINT-ALBAN.

J'irai, pour vous obliger, juſqu'au dernier terme de mon pouvoir.

AURELLY.

Quelle étendue y donnez-vous ?

SAINT-ALBAN.

Celle que vous y donneriez vous-même. Vous n'exigez pas que je ſauve ſa réputation aux dépens de mon honneur ?

AURELLY.

Il y aurait encore plus d'abſurdité que d'injuſtice à le propoſer.

SAINT-ALBAN.

Les intérêts de la Compagnie à couvert par vos offres, on peut faire grace à votre homme de l'opprobre qu'il a mérité; mais je deviendrais coupable, ſi je lui confiais plus long-temps une recette....

AURELLY.

Vous lui ôtez sa place !

SAINT-ALBAN.

La lui laisseriez-vous ?

AURELLY.

Ah ! Monsieur, je vous prie....

SAINT-ALBAN.

Faites un pas de plus.

AURELLY.

Comment ?

SAINT-ALBAN.

Vous avez de l'honneur : osez me le conseiller. *(Aurelly baisse la tête sans répondre.)* J'espere que vous distinguerez ce que je puis accorder, & ce que le devoir m'interdit ; j'accepte l'argent ; je me tairai : mais j'exige qu'il se défasse, à l'instant, de son Emploi, sous le prétexte qu'il voudra.

AURELLY.

J'avoue qu'il n'est pas digne de le garder ; mais son fils ? cette survivance ? tant de démarches pour l'obtenir ?....

SAINT-ALBAN.

Son fils ! qui nous en répondrait ?

AURELLY.

Moi.

SAINT-ALBAN.

C'eſt beaucoup faire pour eux.

AURELLY.

J'ai vingt moyens de m'aſſurer de lui.

SAINT-ALBAN, *rêvant.*

J'avoue que.... je.... je n'ai point d'objection perſonnelle contre le jeune homme : &, dans le deſſein où je ſuis de vous demander une grace pour moi-même....

AURELLY.

Je pourrais vous obliger ?

SAINT-ALBAN.

Sur un point de la plus haute importance.

AURELLY, *vivement.*

Tenez-moi pour déshonoré, ſi je vous refuſe.

SAINT-ALBAN.

Puiſque vous m'encouragez, je vais parler. Vous connaiſſez ma fortune, mes mœurs; vous avez une niece adorable; elle m'a charmé; je l'aime, & je vous demande ſa main, comme la plus précieuſe faveur....

AURELLY, *ſtupéfait.*

Vous me demandez.... ma Pauline ?

SAINT-ALBAN.

Auriez-vous pris des engagemens ?

AURELLY, *embarrassé.*

En vérité, ce n'est pas cela; mais si vous la connaissiez mieux....

SAINT-ALBAN.

Je l'ai plus étudiée que vous ne pensez.

AURELLY.

Cette enfant n'a pas de fortune.

SAINT-ALBAN.

Sur un mérite comme le sien, c'est une différence imperceptible.

AURELLY, *à part.*

Comment sortir de ce nouvel embarras!

SAINT-ALBAN.

Vous m'avez flaté que je ne serais point rejetté.

AURELLY.

Monsieur!.... vous n'êtes pas fait pour l'être....

SAINT-ALBAN.

Et cependant....

AURELLY, *embarrassé.*

Soyez certain qu'elle est trop honorée de votre recherche; & que l'obstacle ne viendra pas de ma part. Mais....

SAINT-ALBAN.

Vous me la refusez?

AURELLY.

Croyez que.... Avant de vous répondre, il faut que je prévienne ma niece.

SAINT-ALBAN.

Souvenez-vous, Monſieur, que vous n'avez point d'engagement.

AURELLY.

Et l'affaire de Mélac?

SAINT-ALBAN.

Ce ſoir, nous en terminerons deux à la fois.

SCENE IV.

AURELLY, *ſeul.*

IL ſort mécontent. Qu'eſt-ce que ce monde, & comme on eſt ballotté!... Le pere & le fils ſont perdus, s'il ſe croit refuſé.... Et comment oſer l'accepter? — l'argent! l'argent les ſauvera-t-il encore? N'importe, ôtons-lui ce prétexte de leur nuire.... & demandez-moi pourquoi tout ce déſordre? Parce qu'un miſérable homme, qu'il ne faudrait jamais regarder, ſi l'on faiſait ſon devoir, oublie le ſien, & pour un vil intérêt....

SCENE V.

AURELLY, DABINS.

AURELLY, *continue.*

D'Ou ſortez-vous donc, Dabins ? Voilà quatre fois que j'entre au Bureau pour vous parler.

SCENE VI.

MÉLAC pere, DABINS, AURELLY.

AURELLY, *appercevant M. de Mélac.*

AH ! voici l'autre. Il vaut mieux s'en aller que de ſe mettre en colere.

SCENE VII.

DABINS, MÉLAC pere.

MÉLAC pere, *le regardant aller.*

O RESPECTABLE ami ! (*A Dabins.*) Qu'avez-vous à m'annoncer de si pressé, Monsieur Dabins ?

DABINS.

Monsieur. C'est avec douleur que je le dis : il n'est plus temps de se taire, il faut tout déclarer.

MÉLAC pere, *échauffé.*

Qu'est-ce à dire ? tout déclarer !

DABINS.

L'affaire est sur le point d'éclater : les apparences vous accusent.

MÉLAC pere.

Les apparences ne peuvent inquiéter, que celui qui s'est jugé coupable.

DABINS.

Qu'opposerez-vous aux faux jugemens ? à l'injure ? aux clameurs ?

MÉLAC pere.

Rien : le silence, & la fermeté que donne l'estime de soi-même.

DABINS.

Les biens de votre ami ſont ſuffiſans.... on prendra des meſures....

MÉLAC pere, *impatient.*

Et, ſi je dis un mot, il manque demain matin.

DABINS, *du même ton.*

Et, ſi vous ne le dites pas, vous êtes perdu ce ſoir même.... Non, je ne puis ſouffrir....

MÉLAC pere, *violemment.*

Monſieur Dabins, ſouvenez-vous que votre pere mourant, ne vous a pas vainement recommandé à ma bienfaiſance : ſouvenez-vous que je vous ai élevé ; que je vous ai placé chez Aurelly ; que mon eſtime ſeule vous a valu ſa confiance ; voulez-vous la perdre, cette eſtime ? & le premier devoir de l'honnête-homme, n'eſt-il pas de garder le ſecret confié ?

DABINS.

Eh, Monſieur ! quand la diſcrétion fait plus de maux qu'elle ne peut en prévenir....

MÉLAC pere.

A qui de nous deux appartient le jugement de mes intérêts ? — Mais, je m'échauffe, & deux mots vous fermeront la bouche. De quoi s'agit-il en ce commun effroi ? De peſer les riſques de chacun, & d'écarter le plus preſſant ?

DABINS.

DABINS.

Oui, Monſieur.

MÉLAC pere.

Si je me préfere à mon ami. Quel ſera ſon ſort? la confiance publique dont un Négociant eſt honoré, ne ſouffre pas deux atteintes. Quoiqu'on puiſſe alléguer, après un défaut de paiement, le coup fatal au crédit, eſt porté; c'eſt un mal ſans remede; &, pour Aurelly, c'eſt la mort.

DABINS.

Il y a tout lieu de le craindre.

MÉLAC pere.

Si je me tais; un ſoupçon tient, il eſt vrai, mon honneur en ſouffrance: mais, à l'aveu d'un ſervice que les grands biens d'Aurelly rendent tout naturel, avec quelque rigueur qu'on me juge, il eſt même douteux qu'on m'en faſſe un reproche. Ayant donc à choiſir, entre ſa perte inévitable, & le danger incertain qui me menace, croyez-vous que j'aie pris conſeil d'une aveugle amitié, qui put déshonorer mon jugement? Non, Monſieur, j'ai prononcé, comme un tiers l'aurait fait; en préférant, non ce qui me convient, mais ce qui convient aux circonſtances; non ce que je puis, mais ce que je dois. Vous m'avez entendu?

DABINS.

Monsieur, je me tairai ; mais, pour l'exemple des hommes, il faudrait bien que de pareils traits....

MÉLAC pere.

Laissons la maxime & l'éloge aux oisifs. Faisons notre devoir : le plaisir de l'avoir rempli, est le seul prix vraiment digne de l'action. — Que fait mon fils ? J'en suis inquiet ; l'avez-vous vu ?

DABINS.

Ah ! c'est pour lui, sur-tout, que je vous presse ; il a répandu devant moi des larmes si ameres, & m'a quitté avec une impatience, un sentiment si douloureux ! ... Mais quel danger de vous confier à lui : encouragé par votre exemple, il se calmerait, il vous consolerait.

MÉLAC pere.

Me consoler ! Mon ami, l'expérience de toute ma vie m'a montré que le courage de renfermer ses peines augmente la force de les repousser ; je me sens déja plus faible avec vous que dans la solitude. Eh ! quel secours tirerais-je de mon fils ? Je crains moins sa douleur que son enthousiasme ; &, si je suis à peine maître de mon secret, comment contiendrais-je cette ame neuve & passionnée ?...

SCENE VIII.

MÉLAC pere; DABINS; MÉLAC fils, *plongé dans une noire rêverie.*

MÉLAC pere.

LE voici. Vous l'avez bien dépeint.

(*Ils se retirent au fond du Sallon.*)

DABINS.

Eh! parlez-lui, Monsieur.

MÉLAC pere.

Sauvons-nous d'un attendrissement inutile.

SCENE IX.

MÉLAC fils, *seul.*

[*Il marche lentement, d'un air absorbé, & s'échauffe par degrés en parlant.*]

AH cet odieux Saint-Alban! je l'ai cherché par-tout sans le rencontrer.... Le déshonneur de mon pere est-il déja public? On s'éloigne.... on me fuit.... Je perds, en un inſtant, la fortune, l'honneur, toutes mes eſpérances.... & Pauline.... Pauline!... Elle m'évite à préſent.... La généroſité eſt un accès.... la chaleur d'un moment.... Mais la réflexion a bien-tôt détruit ce premier preſtige de la ſenſibilité.

SCENE X.

PAULINE, MÉLAC fils.

[*Pauline a entendu les dernieres phraſes de ſon Amant : elle voit ſa douleur, & s'approche avec une vive émotion.*]

MÉLAC fils *l'apperçoit, & continue.*

QU'UNE ſtérile compaſſion ne vous ramene pas, Mademoiſelle. Je ſais que je vous ai perdue. Je connais toute l'horreur de mon ſort. Laiſſez-moi ſeul à ma douleur.

PAULINE.

Cruel!....

MÉLAC fils.

Vos conſolations ne pourraient que l'irriter.

PAULINE.

Comme le malheur vous rend injuſte & dur!

La crainte qu'on ne penſe mal de vous, vous donne mauvaiſe opinion du cœur de tout le monde. Votre ardente vivacité vous a déja fait manquer à mon oncle....

MÉLAC fils, *avec feu.*

Il inſultait mon pere. Avec quelle cruauté il lui développait tout ce que notre ſituation a d'odieux! s'il n'eut pas été votre oncle....

PAULINE.

Ingrat! à l'inſtant où vous allez tout lui devoir; pendant que ſon attachement lui fait payer toute la ſomme à Saint-Alban.

MÉLAC fils, *avec joie.*

Que dites-vous? Il nous ſauve l'honneur?

PAULINE.

Il va plus loin.... ſon cœur, qui vous chérit...

MÉLAC fils, *vivement.*

Achevez Pauline, achevez: ne craignez pas de mettre le comble à ma joie. Il me donne ſa niece?

PAULINE, *timidement.*

Ah! Mélac.... ne parlez plus de ſa malheureuſe niece.

MÉLAC fils.

Comment?

PAULINE.

Sa fille....

MÉLAC fils.

Sa fille !

PAULINE.

Sa fille, fruit d'une union ignorée, qui vous connaît, qui vous aime, offre à votre pere cent mille écus qu'elle tient des dons & des épargnes du sien....

MÉLAC fils, *avec indignation.*

Au prix de m'épouser !... Nous n'étions pas assez avilis ; il nous manquait cet opprobre.

PAULINE, *pleurant.*

J'ai bien prévu que votre ame orgueilleuse rejetterait un pareil bienfait.

MÉLAC fils, *furieux.*

Il me fait horreur. Le service, & celui qui l'offre, & celle qui le rend, je les déteste tous... C'était donc pour cela qu'il éloignait toute idée de notre union ? Il me gardait cette honte : il me méprisait, même avant que le malheur m'eut réduit à souffrir tous les outrages. Mais, je le jure à vos pieds, Pauline, fut-elle cent fois plus généreuse, la fille sans nom, sans état, & désavouée de ses parens, ne m'appartiendra jamais.

PAULINE.

Vous la connaissez mal ; elle n'a eu en vue que votre pere.

MÉLAC fils.

Mon pere ! Faut-il donc nous ſauver d'une infamie par une autre ? ... Vous pleurez, ma chere Pauline ! Craignez-vous que la néceſſité ne me faſſe enfin contracter un indigne engagement ?

PAULINE, *outrée.*

Non, je ne ſuis plus même aſſez heureuſe pour le craindre. Vous avez prononcé votre arrêt & le mien. Cette infortunée, que vous inſultez avec tant d'inhumanité....

MÉLAC fils, *effrayé.*

Cette infortunée ?

PAULINE.

Elle eſt devant vos yeux.

MÉLAC fils.

Vous ?

PAULINE, *tombant ſur un ſiege.*

J'avais le cœur percé de cette nouvelle, & vous avez achevé de le déchirer.

MÉLAC fils, *à ſes pieds.*

O douleur ! ... Pauline ! ne me tendiez-vous ce piege que pour me rendre auſſi coupable ?

PAULINE.

Laiſſez-moi.

MÉLAC fils.

Pourquoi ne pas m'apprendre ? ....

PAULINE.

L'avez-vous permis ! Votre emportement a fait sortir de votre bouche l'affreuse vérité. Monsieur, il n'est plus temps de désavouer vos sentimens.

MÉLAC fils *se releve furieux.*

Osez-vous bien vous prévaloir d'une erreur, qui fut votre ouvrage ? Osez-vous m'opposer le désordre d'un désespoir, que vous avez causé vous-même ? Je voyais les puissans ressorts qu'on faisait agir contre nous. Je disais, je la perds. Je m'armais, à vos yeux, de toute la force dont je prévoyais avoir besoin. Suis-je donc un dénaturé ! un monstre ! Et quel est l'homme assez barbare pour imputer à d'innocentes créatures, un mal qu'elles ne purent empêcher ?

PAULINE, *pleurant.*

Non, non.

MÉLAC fils, *plus vîte.*

La faute de leurs parens leur ôte-t-elle une qualité ? une seule vertu ? au contraire, Pauline, & vous en êtes la preuve, il semble que la nature se plaise à les dédommager de nos cruels préjugés, par un mérite plus essentiel.

PAULINE.

Ce préjugé n'en est pas moins respectable.

MÉLAC fils, *avec chaleur.*

Il est injuste ; & je mettrai ma gloire à le fouler aux pieds.

PAULINE.

Il subsistera dans les autres.

MÉLAC fils.

Mon bonheur dépend de vous seule.

PAULINE.

On se lasse bientôt d'un choix qui n'est approuvé de personne.

MÉLAC fils.

Le mien mérite une honorable exception.

PAULINE.

Il ne l'obtiendra pas.

MÉLAC fils.

Il m'en sera plus cher. N'aggravez pas un malheur idéal. Ah ! soyez plus juste envers vous ; tout ce qui ne dépend pas du caprice des hommes, vous l'avez avec profusion ; & , si mon amour pouvoit augmenter, cette injure du sort l'accroîtrait encore.

PAULINE, *avec dignité.*

Mélac, une femme doit avoir droit au respect de son mari. Je rougirais devant le mien.... N'en parlons plus. Je n'en fais pas moins à votre pere le sacrifice de toute ma fortune. Une retraite profonde eſt l'aſyle qui me convient ; heureuſe ſi votre ſouvenir n'y trouble pas mes jours ! (*Elle ſe leve.*)

MÉLAC fils, *au déſeſpoir.*

Quel cœur avez-vous donc reçu de la nature ? Vous vous jouez de mon tourment ! Pauline, renoncez à cet odieux projet, ou je ne réponds plus.... Jour à jamais déteſtable !... Je ſens un déſordre.... Ah ! j'en perdrai la vie....

(*Il ſe jette ſur un ſiege.*)

PAULINE.

Il m'effraye ! je ne puis le quitter. Mélac, mon ami, mon frere.

MÉLAC fils, *avec égarement.*

Moi votre ami ! moi votre frere ! Non, je ne vous ſuis rien. Allez, cruelle, vous ne me ſurprendrez plus. Le trait empoiſonné, que vous avez enfoncé dans mon cœur, n'en ſortira qu'avec ma vie. Me tendre un piege affreux ! & me rendre garant des propos inſenſés que le déſeſpoir m'a fait tenir ! ah ! cela eſt d'une cruauté !....

PAULINE.

Ecoutez-moi, Mélac.

MÉLAC fils.

Je ne vous écoute plus. Vous ne m'avez jamais aimé. Je n'écoute plus une femme qui employe un indigne détour pour renoncer à moi.

PAULINE, *avec un grand trouble.*

Eh bien! mon cher Mélac, je n'y renonce pas. Tant d'amour me touche, plus qu'il ne convient peut-être à la malheureuse Pauline. Je n'y renonce pas: mais, au nom de ton pere, sors de cet égarement qui me tue.

MÉLAC fils, *se levant.*

Vous voyez bien, Pauline, ce que vous me promettez.... vous le voyez bien. Si jamais vous rappellez.... si jamais.... (*Il tombe à ses genoux avec ardeur.*) Jurez-moi que vous oublierez les blasphêmes que j'ai horreur d'avoir proférés devant vous. Jurez-le moi.

PAULINE.

Puisse-tu les oublier, toi-même!

MÉLAC fils.

Jurez-moi que vous me rendez votre cœur.

PAULINE.

Te le rendre, ingrat! il n'a pas cessé d'être à toi.

MÉLAC fils, *se relevant.*

Eh bien! pardon. Je suis indigne de toute grace; &, si j'ai l'audace de la solliciter....

SCENE XI.

AURELLY, PAULINE, MÉLAC fils.

PAULINE, *à Mélac, avec effroi.*

VOici mon pere.

MÉLAC fils *va au-devant d'Aurelly.*

Ah Monsieur ! si le plus amer repentir pouvait effacer de coupables emportemens ! si le plus vif regret de vous avoir offensé....

AURELLY.

Offensé ! Non, mon ami ; j'ai moins vu ta colere, que l'honnête sentiment qui la rachetait. Ton respect filial m'a touché. — Demande à Pauline ce que je lui en ai dit.

MÉLAC fils.

Je connais les effets de votre amitié, & ma reconnaissance.....

AURELLY.

Elle me plaît : mais tu ne m'en dois que pour ma bonne volonté ; tout est bien loin d'être terminé.

PAULINE.

Malgré vos offres ?

MÉLAC fils.

Qui donc a ſuſpendu?....

AURELLY.

La choſe la plus étonnante. Je parle à Saint-Alban; il accepte le paiement; mais il n'en allait pas moins écrire à ſa Compagnie. L'honneur, l'état, la ſurvivance, tout était perdu.

MÉLAC fils.

Le cruel!

AURELLY.

Grands débats. Il paraît ſe rendre. Je crois tout fini: je l'embraſſe, en ſouhaitant de pouvoir l'obliger à mon tour. Il me prend au mot: dans l'excès de ma joie, j'y engage mon honneur. (*A Pauline.*) Ecoute la concluſion.

MÉLAC fils, *à part.*

Je tremble.

AURELLY.

» Vous avez une niece charmante; je l'aime, » je l'adore, & je vous demande ſa main ».

PAULINE.

Juſte Ciel!

MÉLAC fils, *à part.*

Je l'avois prévu.

AURELLY, *à Pauline.*

Tu conçois quel a été mon embarras pour lui répondre.

PAULINE.

Je vois le mal. Il eſt irréparable.

AURELLY, *bas, à Pauline.*

Non; mais lorſqu'il m'a demandé ta main, je n'ai pas dû, ſans te conſulter, aller lui confier le ſecret de ta naiſſance. Je viens, exprès pour cela; que lui dirai-je?

PAULINE, *d'un ton réfléchi.*

Croyez-vous qu'il traitât rigoureuſement Monſieur de Mélac, s'il était refuſé?

AURELLY.

Refuſé! De quel droit le ſommerais-je de ſa parole, en manquant à la mienne? C'eſt bien alors que tout ſerait perdu.... Mais que faire? il veut tout terminer à la fois, il attend une réponſe.

PAULINE *regarde Mélac, & dit en ſoupirant.*

Permettez qu'il la reçoive de moi. — Qu'il vienne.

MÉLAC fils, *à part avec effroi.*

Qu'il vienne!

PAULINE.

Il eſt important que je lui parle.

AURELLY.

Il ſera ici dans un moment. Mon enfant, je connais tes principes, diſpoſe de toi-même à ton gré : je ne puis mettre en de plus sûres mains des intérêts si chers à mon cœur.

SCENE XII.

PAULINE, MÉLAC fils.

MÉLAC fils, *tremblant.*

MADEMOISELLE....

PAULINE.

Vous voyez que le danger de votre pere est pressant : quel intérêt oserait se montrer auprès de celui-là ?

MÉLAC fils.

Ah mon pere ! mon pere !.... (*En hésitant.*) Ainsi vous rappellez Saint-Alban ?

PAULINE.

Il est indispensable que je le voie, consentez-y, Mélac, il le faut ;... il faut me rendre ma parole.

MÉLAC fils, *avec une colere renfermée.*

Non, vous pouvez me trahir ; mais il ne me sera pas reproché d'y avoir contribué par un lâche consentement.

PAULINE, *tendrement.*

Te le demanderais-je, ingrat, si j'avais dessein

d'en abuser! — Qui vous dit que je veuille l'épouser ?

MÉLAC fils.

Serez-vous la maitresse de vos refus ?

PAULINE.

Vous n'êtes pas généreux d'accabler ainsi mon ame. Ah! j'avais des forces contre ma douleur, je n'en ai plus contre la vôtre.

MÉLAC fils.

Pauline !

PAULINE.

Pense à ton pere, à ton pere respectable, & tu rougiras d'attendre de moi l'exemple du courage que tu devais me donner.

MÉLAC fils, *étouffé par la douleur.*

Je sens que je ne puis vivre sans votre estime, il me faut la mienne. Il faut sauver mon pere.... aux dépens de mes jours.... Ah! Pauline.

PAULINE.

Ah Mélac !

(*Ils sortent chacun de leur côté.*)

Fin du quatrieme Acte.

ACTE

ACTE V.

SCENE PREMIERE.

PAULINE, *seule, tenant un Billet à la main.*

[*Elle paraît dans une grande agitation; elle se promene, s'assied, se leve,* & *dit :*]

VOici l'instant qui doit décider de notre sort. (*Elle lit.*) Il attend mes ordres, dit-il.... Audacieux qu'ils sont, avec leur soumission insultante!.... Pourquoi trembler? l'aveu que je vais lui faire ne peut que m'honorer. — Ah!.... je pleure, & je me soutiens à peine. — Mon état ne se conçoit pas. — S'il me surprenait à pleurer.... (*Elle s'assied.*) Eh bien, qu'il me voie! ne suis-je pas assez malheureuse pour qu'on me pardonne un peu de faiblesse?

SCENE II.

ANDRÉ, PAULINE.

ANDRÉ, *annonçant.*

MONSIEUR Saint-Alban.

PAULINE.

Un moment, André.

(Elle essuie ses yeux, se promene, se regarde dans un glace, & soupire)

ANDRÉ.

Mais, Mameselle, Monsieur Saint-Alban.

PAULINE, *avec impatience.*

Répétez encore.

ANDRÉ.

Il sort de chez votre oncle : oh! il a un habit....

PAULINE, *à elle-même.*

C'est en vain. Il m'est impossible... (*S'asseyant.*) Faites entrer.

SCENE III.

SAINT-ALBAN, PAULINE, ANDRÉ.

SAINT-ALBAN, *en habit de ville, entre d'un air mal-assuré; il reste assez loin derriere Pauline.*

JE me rends à vos ordres, Mademoiselle.

PAULINE, *se leve, & salue. (A part.)*

A mes ordres!

(Sa respiration se précipite, & l'empêche de parler. Elle lui montre un siege, en l'invitant du geste à s'y reposer.)

SAINT-ALBAN, *s'approche, la regarde, & après un assez long silence.*

Ma vue paraît vous causer quelque altération. Et cependant, Monsieur Aurelly vient de m'assurer....

ANDRÉ *avance un siege à Saint-Alban.*

PAULINE, *avec peine d'abord, & prenant du courage par degrés.*

Oui.... c'est moi qui l'en ai prié. — Asseyez-vous, Monsieur. Cet air contraint vous convient beaucoup moins, qu'à celle que vos intentions rendent confuse & malheureuse. (*Elle s'assied.*)

ANDRÉ *sort.*

SCENE IV.

SAINT-ALBAN, PAULINE.

SAINT-ALBAN.

MALHEUREUSE! à Dieu ne plaiſe, que je vouluſſe vous obtenir à ce prix!

PAULINE.

Cependant vous abuſez de la reconnaiſſance que je dois à Monſieur de Mélac, pour exiger ma main....

SAINT-ALBAN, *s'aſſied.*

Faites-moi la grace de vous ſouvenir que mon amour n'a pas attendu cet événement pour ſe déclarer. Vous ſavez, ſi j'ai ſouhaité vous devoir à vous-même, & commencer ma recherche par acquérir votre eſtime....

PAULINE.

Que vous comptez pour aſſez peu de choſe.

SAINT-ALBAN.

Daignez m'apprendre comment je prouverais mieux le cas que j'en fais.

PAULINE.

Le voici, Monſieur. Si vous croyez votre honneur engagé de rendre un compte rigoureux à votre Compagnie ; puis je estimer un homme qui ne paraît se souvenir de ses devoirs que pour les sacrifier au premier goût qu'il veut satisfaire ? Et, si vous avez feint seulement de croire à cette obligation pour vous en prévaloir ici ; que penser de celui qui se joue de l'infortune des autres, & fait dépendre l'honneur d'une famille respectable, du caprice de l'amour, & des refus d'une jeune fille ?

SAINT-ALBAN, *un peu déconcerté.*

Je n'ai à rougir d'aucun oubli de mes devoirs. Mais, en supposant que le desir de vous plaire eut été capable de m'égarer.... je l'avouerai, Mademoiselle, je n'en attendais pas de vous le premier reproche.

PAULINE.

Le premier ! vous l'avez reçu de vous-même, lorsque vous avez mis votre silence à prix.

SAINT-ALBAN, *vivement.*

Mon silence ! Quelque importance qu'on y attache, il est promis sans conditions ; & c'est sans craindre pour vos amis que vous êtes libre de me percer le cœur, en refusant ma main.

PAULINE, *fermement.*

Peut-être avez-vous cru que j'avais quelque fortune, ou que mon oncle suppléerait....

SAINT-ALBAN, *vivement.*

Pardon, ſi j'interromps encore; je me ſuis déclaré ſur ce point. De tous les biens que vous pourriez m'apporter, je ne veux que vous: c'eſt vous ſeule que je deſire.

PAULINE.

Votre généroſité, Monſieur, excite la mienne; car il y en a, ſans doute, à vous avouer, (quand je pourrais le taire,) un motif de refus, plus humiliant pour moi que le manque de fortune.

SAINT-ALBAN.

Votre pere m'a tout dit: (*Pauline paraît extrêmément ſurpriſe.*) Je vous admire, & voici ma réponſe. Je ſuis indépendant: l'amour vous deſtina ma main, la réflexion en confirme le don, ſi votre cœur eſt auſſi libre que le mien vous eſt engagé; mais, ſur ce point ſeulement, j'oſe exiger la plus grande franchiſe.

PAULINE.

Vous agiſſez ſi noblement, que le moindre détour ſerait un crime envers vous: ſachez donc mon ſecret le plus pénible. (*Ils ſe levent, Pauline ſoupire, & baiſſe les yeux.*) Toute ma jeuneſſe paſſée avec Mélac, la même éducation reçue enſemble; une conformité de principes, de talents, de goûts, peut-être d'infortunes....

SAINT-ALBAN, *péniblement.*

Vous l'aimez ?

PAULINE.

C'eſt le dernier aveu que vous devait ma reconnaiſſance.

SAINT-ALBAN.

A quelle épreuve mettez-vous ma vertu ?

PAULINE.

J'ai beaucoup compté ſur elle.

SCENE V.

SAINT-ALBAN, PAULINE, MÉLAC fils, *paraît dans le fond.*

SAINT-ALBAN.

JE vois ce que vous eſpérez de moi.

PAULINE, *avec chaleur.*

Je vous dirai tout. Je ne craindrai point de fournir à la vertu des armes contre le malheur. Mélac avoit mon cœur & ma parole ; mais lorſque mon pere nous a fait entendre à quel prix vous mettiez la grace du ſien, il a ſacrifié toutes ſes eſpérances au ſalut de ſon pere.

SAINT-ALBAN, *lentement.*

Avant ce jour.... ſavait-il votre ſort ?

PAULINE.

Nous l'ignorions également.

SAINT-ALBAN, *très vivement.*

Il ne vous aime pas.

PAULINE.

Il mourra de douleur.

SAINT-ALBAN.

A l'inſtant qu'il apprend le ſecret de votre naiſſance, il vous cede ! il affecte une générosité.... Mademoiſelle, je n'étendrai pas mes réflexions, dans la crainte de vous déplaire ; mais il ne vous aime pas.

MÉLAC fils, *s'avance furieux.*

O Ciel ! je ne l'aime pas !

SAINT-ALBAN, *froidement.*

Monſieur, ... qui vous ſavait ſi près ?

MÉLAC fils.

Je ne l'aime pas, dites-vous ?

SAINT-ALBAN.

Je n'ai jamais déguiſé ma penſée.

MÉLAC fils.

Vous m'imputez à crime un ſacrifice que vous avez rendu néceſſaire ?

SAINT-ALBAN, *froidement.*

Le ſort de ceux qui écoutent, eſt d'entendre rarement leur éloge.

MÉLAC fils.

M'accuſer de ne pas l'aimer!

SAINT-ALBAN.

J'en ſuis fâché, je l'ai dit.

MÉLAC fils, *avec douleur.*

L'avez vous cru, Pauline?

PAULINE.

Vous nous perdez.

MÉLAC fils, *avec emportement.*

N'attendons rien d'un homme auſſi injuſte.

SAINT-ALBAN, *fermement.*

Monſieur, trop de chaleur rend quelquefois imprudent.

MÉLAC fils, *d'un ton amer.*

Et trop de prudence, Monſieur....

PAULINE, *à Mélac vivement.*

Je vous défends d'ajouter un mot.

MÉLAC fils, *à Pauline.*

M'accuſer de ne pas vous aimer, quand on me réduit à l'extrémité de renoncer à vous, ou d'en être à jamais indigne!

PAULINE.

Vous oubliez votre pere!

MÉLAC fils, *regardant Saint-Alban d'un air menaçant.*

Si je l'oubliais, Pauline....

PAULINE, *à Saint-Alban.*

Le désespoir l'aveugle.

MÉLAC fils, *avec une fureur froide.*

Un mot va nous accorder. Vous avez, dit-on, promis de ne rien écrire contre mon pere ?

SAINT-ALBAN, *se possédant.*

Vous m'interrogez ?

MÉLAC fils.

L'avez-vous promis ?

PAULINE, *à Mélac.*

Il s'y est engagé.

SAINT-ALBAN, *avec chaleur à Pauline.*

Pour aucune autre considération que la vôtre, Mademoiselle.

MÉLAC fils, *les dents serrées de fureur.*

Ah !.... c'est aussi ce qui m'empêche de vous disputer sa main. Elle est à vous.... Mais soyez galant homme. (*Il s'approche de lui.*) Osez tenir parole à mon pere, & vous verrez....

SAINT-ALBAN, *surpris.*

Oser !....

PAULINE, *se jettant entre deux.*

Monsieur de Saint-Alban.

SAINT-ALBAN, *fiérement.*

Oui, Monſieur, j'oſerai tenir parole à votre pere.

PAULINE, *éperdue.*

Ah! grands Dieux!

SAINT-ALBAN, *du même ton.*

Et toute nouvelle qu'eſt cette façon d'intercéder, elle ne nuira pas à Monſieur de Mélac.

PAULINE, *à Saint-Alban.*

Il va tomber à vos genoux. Il ne ſait pas.... (*A Mélac.*) Cruel ennemi de vous-même! apprenez qu'il s'engage au ſilence; que lui ſeul peut vous conſerver l'emploi....

MÉLAC fils.

Je le refuſe.

PAULINE.

Inſenſé!

MÉLAC fils.

Quel bienfait, Pauline! J'en dépouillerais mon pere! je le payerais de votre perte, & j'en ſerais redevable à mon ennemi!

SAINT-ALBAN, *avec dignité.*

Monſieur.....

PAULINE, *à Mélac.*

Quel eſt donc le but de ces fureurs?

MÉLAC fils.

S'il ménage mon pere, il vous épouse, il est trop récompensé : mais attaquer mes sentimens pour vous ! ....

PAULINE, *outrée.*

Vos sentimens ! .... Quels droits osez-vous faire valoir ! — Ne m'avez-vous pas rendu ma parole ?

MÉLAC fils.

L'honneur m'a-t-il permis de la garder ? vous vous privez de tout pour sauver mon pere....

SAINT-ALBAN.

Quoi ! ces cent mille écus, qu'on dit empruntés ? ....

MÉLAC fils,

Sont à elle ; c'est son bien, tout ce qu'elle possede au monde.

SAINT-ALBAN.

Sont à elle ! (*A part.*) Ah Dieux ! que de vertus !

(*Il rêve profondément.*)

MÉLAC fils, *avec force.*

Ai-je donc trop exigé de vous deux, en me sacrifiant, que l'un n'insultât pas à l'infortuné qu'il opprime ! que l'autre honnorât ma perte d'une larme, d'un regret ! Il vous épousait de même, & je mourais en silence.

PAULINE, *à Mélac, avec colere.*

Eh ! fallait-il venir ainsi.... (*Les pleurs lui coupent la parole ; elle se jette sur un siege, & dit à elle-même.*) Malheureuse faiblesse !

MÉLAC fils, *vivement.*

Ne me dérobez pas vos larmes, Pauline. C'est le seul bien qui me reste au monde.

PAULINE, *outrée, se relevant.*

Oui, je pleure : mais.... c'est de dépit de ne pouvoir m'en empêcher.

MÉLAC fils.

J'ai donc tout perdu !

PAULINE.

Votre violence a tout détruit.

SCENE VI.

SAINT-ALBAN, MÉLAC fils, AURELLY, PAULINE.

AURELLY, *accourant.*

ON ſe querelle ici ! —— Mélac ?

SAINT-ALBAN, *après un peu de ſilence.*

Non, Monſieur ; on eſt d'accord. Vous m'avez aſſuré que vous laiſſiez Mademoiſelle abſolument libre ſur le choix d'un époux : ce choix eſt fait. (*A Pauline.*) Non, je n'établirai point mon bonheur ſur d'auſſi douloureux ſacrifices. Il n'en ſerait plus un pour moi, s'il vous coûtait le vôtre.

MÉLAC fils, *pénétré.*

Qu'entends-je ! —— Ah Monſieur !

SAINT-ALBAN.

Faiſons la paix, mon heureux rival. Je pouvais épouſer une femme adorable, dont l'honneur & la généroſité euſſent aſſez aſſuré mon repos ; mais ſon cœur eſt à vous.

MÉLAC fils.

Combien je ſuis coupable !

SAINT-ALBAN.

Amoureux : & les plus ardents sont ceux qui offensent le moins. J'étais moi-même injuste.

AURELLY, *à Pauline.*

Tu l'aimais donc ?

PAULINE, *baisant la main de son pere.*

Ce jour m'a éclairée sur tous mes sentimens.

AURELLY.

Mes enfans, vous êtes bien sûrs de moi : mais abuserons-nous du service que nous rendons à son pere, pour lui arracher un consentement, que sa fierté désavouera peut-être ?

PAULINE.

Ah ! quelle triste lumiere ! ai-je pu m'aveugler à ce point !

MÉLAC fils.

Pauline, vous savez s'il vous chérit !

SAINT-ALBAN, *à Mélac.*

Priez-le de passer ici ; n'armez pas son ame, en le prévenant, contre les coups qu'on va lui porter. Ne lui dites rien..

MÉLAC fils.

Monsieur, vous tenez ma vie en vos mains.

AURELLY.

Tu perds un temps précieux.

(*Mélac sort.*)

SCENE VII.

SAINT-ALBAN, AURELLY, PAULINE.

AURELLY.

EN l'attendant, dégageons notre parole envers vous, Monſieur. Voici un ordre à Monſieur de Préfort, mon Correſpondant de Paris, de vous compter, à votre arrivée, cinq cent mille francs.

SAINT-ALBAN.

Monſieur de Préfort, dites-vous ?

AURELLY.

En bons papiers, liſez.

SAINT-ALBAN.

Quelques bons qu'il puiſſent être, vous ſavez que ce n'eſt pas là de l'argent prêt.

AURELLY.

Des effets qui ſe négocient d'un moment à l'autre ?

SAINT-ALBAN.

Depuis ſix jours, celui a qui vous m'adreſſez, n'en a négocié aucun.

AURELLY.

AURELLY.

Qui dit cela ? J'ai reçu de lui, ce matin, six cent mille francs échangés cette semaine.

SAINT-ALBAN.

De Préfort ?

AURELLY.

Mon paiement ne roule pas sur autre chose.

SAINT-ALBAN.

Le Courier d'aujourd'hui m'apprend qu'il est mort.

AURELLY.

Quelle histoire ?

SAINT-ALBAN.

On n'a pas dû me tromper.... Mais n'avez-vous pas vos lettres ?....

AURELLY.

Je les attends.

(Il sonne.)

SCENE VIII.

SAINT-ALBAN, AURELLY, PAULINE, ANDRÉ.

AURELLY, *à André.*

QU'ON appelle Dabins, & qu'il vienne au plutôt. (*A Saint-Alban.*) C'eſt mon homme de confiance, & mon Caiſſier, il nous mettra d'accord....

(*André ſort.*)

SCENE IX.

SAINT-ALBAN, AURELLY, DABINS, PAULINE.

AURELLY, *à Dabins.*

AH !.... mes Lettres ?

DABINS, *lui en préſente un gros paquet.*

Les voici.... je venais....

AURELLY.

Réponds à Monſieur.

SAINT-ALBAN.

Ces papiers....

AURELLY.

Oui.... (*A Dabins.*) N'as-tu pas reçu, ce matin, six cent mille francs échangés contre une partie de mes effets ?

DABINS, *hésitant, à Aurelly.*

Monsieur....

AURELLY, *en colere.*

Les avez-vous reçus, oui, ou non ?

SAINT-ALBAN.

Il faut répondre.

AURELLY.

Où donc est le mystere ? Il a été comme un fou toute la journée. Les avez-vous reçus?

DABINS, *embarrassé, à Aurelly.*

Monsieur..... on peut voir ma Caisse ; elle est au comble.

AURELLY, *à Saint-Alban.*

J'en étais bien sûr. Ainsi j'ajoute aux somm que je vous remets pour Monsieur de Mélac.....

DABINS, *étonné.*

Vous acquittez Monsieur de Mélac ?

AURELLY.

Que va-t-il dire ?

DABINS.

Dans quelle erreur étais-je !

AURELLY.

Parlez.

SAINT-ALBAN.

Je vois clairement qu'il n'eſt point venu de fonds de Paris.

AURELLY, *à Dabins.*

Mes effets n'ont pas été vendus ?

DABINS, *vivement.*

Non, Monſieur, ils n'ont pu l'être; c'eſt la nouvelle que j'ai reçue ce matin.

AURELLY, *hors de lui.*

Avec quoi donc payes-tu ?

DABINS, *un moment ſans parler, étouffé par la joie.*

Avec ſix cent mille francs que m'a prêtés Monſieur de Mélac.

AURELLY.

Juſte ciel !

PAULINE.

Mon pere !

SAINT-ALBAN.

Ah quel homme !

DABINS., *criant.*

Cinq cent mille francs de ſa Caiſſe, cent mille à lui; je ne puis me taire plus long-temps.

PAULINE.

Que j'en ſuis glorieuſe ! mon ame a deviné la ſienne....

SCENE X.

SAINT-ALBAN, AURELLY, MÉLAC pere, PAULINE, DABINS.

PAULINE, *appercevant Mélac pere, se précipite à ses pieds.*

O Le plus généreux !....

MÉLAC pere.

Que faites-vous, Pauline ?

AURELLY.

Je dois les embrasser aussi.

(Il veut se jetter à genoux.)

MÉLAC pere, *le retient.*

Mes amis !....

SCENE XI. ET DERNIERE.

SAINT-ALBAN, AURELLY, MÉLAC pere, PAULINE, MÉLAC fils, DABINS.

MÉLAC fils, *s'écriant.*

AUx pieds de mon pere !

MÉLAC pere.

Dabins ! vous m'avez trahi !

DABINS, *avec joie.*

Pouvais-je garder votre secret, en apprenant que Monsieur acquittait votre dette ?

MÉLAC pere.

Il vient à mon secours ? (*A part.*) O vertu ! voilà ta récompense. (*A Aurelly.*) Ami ! quelles sont donc tes ressources ?

SAINT-ALBAN.

Tout le bien de Mademoiselle en dépôt dans ses mains.

MÉLAC pere.

De notre Pauline ? — Ah ! mon cher Aurelly !

AURELLY.

Tu te perdais pour moi !

MÉLAC pere.

Mais, toi.....

AURELLY.

Peux-tu comparer de l'argent, lorſqu'il t'en coûtait l'état & l'honneur ?

MÉLAC pere.

Je m'acquittais envers mon bienfaiteur malheureux ; mais toi ! dans tes ſoupçons ſur ma probité, devais-tu quelque choſe à ton coupable ami ?

MÉLAC fils, *avec joie.*

Ah mon pere !

SAINT-ALBAN.

Eh bien Monſieur Aurelly ! — Puis-je accepter, en paiement, le Mandat que vous m'offrez ?

MÉLAC pere, *avec effroi.*

Quel Mandat ?

AURELLY, *pénétré, à Saint-Alban.*

Vous ſerez ſatisfait, Monſieur : mon premier ſentiment lui était bien dû ; le ſecond me rend tout entier à mon malheur.

MÉLAC pere.

Voilà ce que j'ai craint !

AURELLY.

Je n'avais à vous offrir, pour mon ami, que des effets qui ſe trouvent embarraſſés, je reprends mon Mandat. Votre argent est encore dans ma Caisse, & Dieu me garde d'en user. Dabins, reportez-le chez Monsieur de Mélac, & moi.... je vais subir mon sort.

MÉLAC pere.

Arrêtez : je ne le reçois pas.

AURELLY.

Qu'est-ce à dire, Mélac ?

MÉLAC pere.

Malheureux Dabins!....

AURELLY.

Me croyez-vous assez indigne....

MÉLAC pere.

Monsieur de Saint-Alban ! il serait horrible à vous d'abuser d'un secret, que vous ne devez qu'à notre confiance. — Non, je jure que l'argent n'y rentrera pas.

AURELLY.

Veux-tu me causer plus de chagrins que tu n'as espéré de m'en épargner ?

MÉLAC fils, *avec ardeur.*

Monsieur Aurelly ne refusez point....

PAULINE.

Monsieur de Saint-Alban !....

MÉLAC fils, *à Saint-Alban.*

Vous aimez la vertu.

MÉLAC pere.

Laisserez-vous périr son plus digne soutien?

AURELLY, *avec enthousiasme.*

Que faites-vous, mes amis? Pour m'empêcher d'être malheureux, vous devenez tous coupables. Oubliez-vous qu'un excès de générosité vient d'égarer l'homme le plus juste? Et, s'il eut tort de toucher à cet argent; qui m'excuserait d'oser le retenir?

MÉLAC pere.

Le consentement que nous lui demandons.

AURELLY.

Qu'il se laisse soupconner? L'amitié t'a rendu capable de cet effort: mais si je n'ai pu, sans crime, accepter ce service de toi; quel nom mérite la séduction que vous employez tous pour l'obtenir de lui? (*A Saint-Alban.*) Vous êtes de sang froid, Monsieur, jugez-nous.

SAINT-ALBAN.

De sang-froid! Ah Messieurs! ô famille respectable! me croyez-vous une ame insensible, pour l'attaquer avec cette violence? Vous demandez un jugement!....

MÉLAC fils.

Et nous jurons de l'accomplir.

SAINT-ALBAN

Il est écrit dans le cœur de tous les gens

honnêtes; permettez ſeulement que j'y ajoute un mot. — Aurelly, prouvez-moi votre eſtime, en m'acceptant pour ſeul Créancier.

AURELLY.

Vous, Monſieur!....

SAINT-ALBAN.

Je l'exige. Et vous, Monſieur de Mélac conſervez votre place, honorez-là long-temps. Uniſſez à votre fils cette jeune perſonne, qui s'en eſt rendue ſi digne, en ſacrifiant pour vous toute ſa fortune.

MÉLAC pere.

Ce ſerait ma plus chere envie. Mon fils l'adore; &, ſi mon ami ne s'y oppoſait pas....

AURELLY, *confus.*

Savez-vous qui elle eſt?

MÉLAC pere, *avec effuſion.*

J'aurais bien dû le deviner! le cœur d'un pere ſe trahit mille fois le jour. Elle eſt ta fille, ta généreuſe fille, & je te la demande pour mon fils.

AURELLY.

Tu me la demandes! Ah mon ami!

(*Ils ſe jettent dans les bras l'un de l'autre.*)

MÉLAC fils, *à Pauline.*

Mon pere conſent à notre union!

PAULINE.

C'eſt le plus grand de ſes bienfaits.

SAINT-ALBAN.

Aurelly, rendez-moi votre Mandat, je pars; ſoyez tranquile. Vos effets de Paris me ſeront remis promptement; ou je ſupplée à tout.

AURELLY.

De vos biens?

SAINT-ALBAN.

Puiſſent-ils être toujours auſſi heureuſement employés! Vous m'avez appris comme on jouit de ſes ſacrifices. En vain je vous admire, ſi votre exemple ne m'éleve pas juſqu'à l'honneur de l'imiter. —— Nous compterons à mon retour.

(*Chacun exprime ſon admiration.*)

AURELLY, *tranſporté.*

Monſieur.... je me ſens digne d'accepter ce ſervice; car, à votre place, j'en aurais fait autant. Preſſez donc votre retour; venez marier ces jeunes gens que vous comblez de bienfaits.

MÉLAC pere.

Pourquoi retarder leur bonheur? Uniſſons-les ce ſoir même. Eh! quelle joie, mes amis, de penſer qu'un jour auſſi orageux pour le bonheur, n'a pas été tout-à-fait perdu pour la vertu!

Fin du cinquiéme & dernier Acte.

APPROBATION.

J'Ai lu, par ordre de Monſeigneur le Chancelier, *Les deux Amis*, *Drame*; & je crois qu'on peut en permettre l'impreſſion. A Paris, ce 30 Avril 1770.

MARIN.

De l'Imprimerie de la Veuve SIMON, Imprimeur de S. A. S. Monſeigneur le Prince de CONDÉ, rue des Mathurins, 1770.

Andante gracioſ. con ſordinis.
Con l'arco.
Pizzicato.
Pizzicato.
Pizicato.

www.ingramcontent.com/pod-product-compliance
Ingram Content Group UK Ltd.
Pitfield, Milton Keynes, MK11 3LW, UK
UKHW021825190726
13853UKWH00003B/1195